平和を考えよう①

戦争の怖さを感じとる力を

竹中千春 監修　下郷さとみ 文

あかね書房

戦争の怖さを感じとる力を

平和を考えよう　監修の言葉

～未来をつくるみなさんへ～

　「平和を考えよう」という目的で2冊の本が出ました。1巻がこの本です。タイムマシンに乗ったように、時間の流れに沿って昔にさかのぼり、歴史をたどりましょう。

　歴史は英語で「ヒストリー（history）」といいます。過去から現在までに起こったできごとについて「物語（story）」を語ること、聴くこと、書き残すこと。時間の隔たりをこえて、昔の人びとと今の人びとが交流します。昔の人びとは、自分たちの生きた意味を、未来の人びとに伝えようとしてきました。昔の人びとにとっての未来人、つまり今を生きる私たちは、そのメッセージを受信して、人間としての知恵を学びます。

　歴史を考えるといつも思い出すのが、フランスのゴーギャンという画家の作品です。若いころにパリで活躍したゴーギャンは、のちに南太平洋のタヒチ島にわたり、島の人びとの姿や自然をえがきました。しかし、人生のなやみは尽きず、晩年に「われわれはどこから来たのか　われわれは何者か　われわれはどこへ行くのか」という大作を残しました。この問いはキリスト教の考え方に根ざしているといわれますが、宗教や文化のちがいをこえて、どんな人間にも共通した問いではないかと思います。

　どの人も「どこから来て、どこに行くのか」という問いをかかえています。国民のように多くの人びとの集まりの中でも、「どこから来て、どこに行くのか」という問いについていろいろな議論がなされています。なぜなら、人がどんな人生を歩むのか、国民がどんな歴史をつくるのかが、いつも試されているからです。

この本では、未来の平和をつくる子どもたちのために、おもに、昔の日本の人びとが経験した「戦争の怖さ」を説明しました。読むのがつらいところもあると思うけれど、勇気を出して読んでみてね。あまり怖かったら、息をつきながら、ご家族や友だちと一緒にゆっくり読んでください。

　けれども、この本だけでは十分ではありません。戦争の歴史を学ぶきっかけにはなりますが、書かれていないこと、えがかれていないことだらけです。例えば、日本の戦争のために外国でどんなことが起こったの？　アジアや太平洋の人びとはどんなに怖い思いをしたの？　戦争のあと、アジアや太平洋の人びとはどんな国をつくったの？　もっともっと知りたいよね。

　こういう疑問がわいてきたら、答えを探して歴史の探検に出かけよう！　タイムマシンでちがう時代のとびらを開け、昔の人びとに出会う旅。調査のためにはなんでも使おう。周りにいるおとなの話を聞く。図書館の本やインターネットで調べる。アニメや映画を見る。友だちと話し合う。自分でうーんと考えこむ。どんどんチャレンジしてください。家族と歴史に縁のある土地に旅行できるかもしれません。外国のお友だちができるかもしれません。

　「かわいい子には旅をさせよ」ということわざがあります。歴史の旅を続けていくうちに、「どこから来たのか、何者なのか、どこへ行くのか」という問いに、いつか自分らしい答えが見つかると思います。それから、似たような答えを胸に抱く大切な仲間たちもできることでしょう。

　さあ、物語のページを開いてみて……。

立教大学法学部教授　竹中千春

平和を考えよう①
戦争の怖さを感じとる力を　もくじ

1章　語りつぐ戦争と平和　……5

- えっ！ 日本は昔、戦争の国だったの？ ……6
- ひとりで・みんなで 考えてみよう　ほかの国に支配されるって、どんなことだろう？ ……14
- 戦場はどんなようすだっただろう ……16
- 戦争中はどのような生活だったの？ ……20
- 子どもも戦争に参加させられたの？ ……26
- ひとりで・みんなで 考えてみよう　流行歌を通して戦争を感じとろう ……32
- 焼け野原になってしまった日本 ……34
- 長かった戦争の終わり ……40
- ひとりで・みんなで 考えてみよう　日本は戦争でどんな被害を与えたんだろう ……44
- 千春先生からのメッセージ ……46

2章　戦後の社会と平和　……47

- 戦争が終わって日本は平和の国になった！ ……48
- 核兵器も戦争もなぜなくならないの？ ……56
- 生活が豊かになってどう変わったの？ ……62
- ひとりで・みんなで 考えてみよう　豊かさってなんだろう？ ……66
- 経済成長と環境保護は両立できるの？ ……68
- 千春先生からのメッセージ ……74

3章　情報社会と平和　……75

- 民主主義を支えるメディアの役目 ……76
- ひとりで・みんなで 考えてみよう　写真は見ただけじゃわからない！ ……86
- ひとりで・みんなで 考えてみよう　戦争がなければ平和なの？ ……88

- 理解を深める！ 平和資料館 ……90
- 千春先生からのメッセージ ……92

- さくいん ……93

1章
語りつぐ戦争と平和

なぜ日本の国は、あの時代、戦争へとつき進んでしまったのでしょう。あのころの人たちは何を思い、戦争を止めるために何をしようとしたのでしょうか。それとも何もできなかったのでしょうか。だとしたら、なぜできなかったのでしょう。

過去の人たちが、がんばったり、まちがえたり、後悔したり、乗りこえたりして一生懸命に生きてきた姿から、私たちはたくさんの教訓を得ることができます。よりよい「今」をつくり、それを未来の子どもたちへ手わたしていくために、私たちは歴史から学ぶのです。

- 1894 日清戦争（にっしんせんそう）
- 1904 日露戦争（にちろせんそう）
- 第一次世界大戦（だいいちじせかいたいせん）1914
- 満州事変（まんしゅうじへん）1931
- 太平洋戦争（たいへいようせんそう）1941
- 長崎・広島に原爆投下（ながさき・ひろしまにげんばく）／終戦 1945
- 1952 サンフランシスコ平和条約発効（じょうやくはっこう）

えっ！日本は昔、戦争の国だったの？

今の日本は平和な国、平和を守る国。だから、みんなも安心して勉強したり遊んだりできるし、日本の政府は、世界の平和を守るために力を尽くしています。でも、70年近く前の日本は、戦争の国でした。

●8月15日にこめられた思い

　8月15日は終戦の日。1945年のこの日、昭和天皇が、日本が戦争に負けたことを、ラジオ放送で国民に伝えました。

　明治維新以降の日本は、欧米の帝国に負けないよう、となりの国ぐにに攻め入り、大帝国をつくりました。1941年12月8日、世界最強の国アメリカの真珠湾を攻撃して、太平洋戦争を始めました。

　数千万人ともいわれる犠牲者を出したあと、日本軍はアメリカの率いる連合軍に降伏。日本の領土は占領され、植民地は解放されました。日本が再び国際社会に復帰するうえでは、自らの引き起こした戦争を反省し、平和の国に生まれ変わることが条件となりました。1947年に施行された新しい憲法では、国民が主人公となる民主主義の国をつくり、二度と戦争をしないことを誓ったのです。

　終戦の日は、国境をこえて戦争の犠牲になった人をしのび、平和をいのる日です。

韓国や台湾では、日本の「終戦の日」と同じ8月15日を「光復節（主権を回復した日）」、アメリカなどでは、ポツ

戦争へとつき進んだ背景

忘れてはいけないことは、日本の人びとは、戦争でひどい目にあっただけではなく、日本が支配した他国の人びとをひどい目にあわせた側に立っていたということです。多くの国民は、戦争をする政府の方針に賛成して戦争を応援し、戦争に反対する人びとは非難されました。戦場では、日本の兵士は他国の人びとを殺し、植民地を支配しました。

当時の国民学校初等科（今の小学校）の「修身（今の道徳）」の教科書には、戦争が正しいこととして、こう書かれています。

「いま日本は、（中略）世界の人々を正しくみちびかうとしてゐます。（中略）世界の人々がしあはせになるやうに、しなければなりません」。

もしも、そのころの日本が民主主義の国だったら、もしも、そのころの日本が戦争はいけないという憲法を持っていたら、戦争を止めることができたのでしょうか。

二十　大陸と私たち

滿洲國が生まれたのは、昭和七年のことであります。そののち、滿洲國の皇帝陛下は、二度も日本をおたづねになり、日本からは、天皇陛下の御名代として、秩父宮殿下がおいでになりました。かうして御親交が重ねられて、いよいよ日本と滿洲國とは、切つても切れない國となりました。

滿洲國の廣さは、日本の二倍もありますが、住んでゐる人の數は、日本の三分の一ぐらゐしかありません。それで、これから開いて行かなければならない土地が、たくさんあります。開いて行けば、農作物も、石炭も、鐵も、木材も、どれほど取れるかわかりません。

滿洲國には、いろいろの民族が集つ

初等科修身 二

文部省

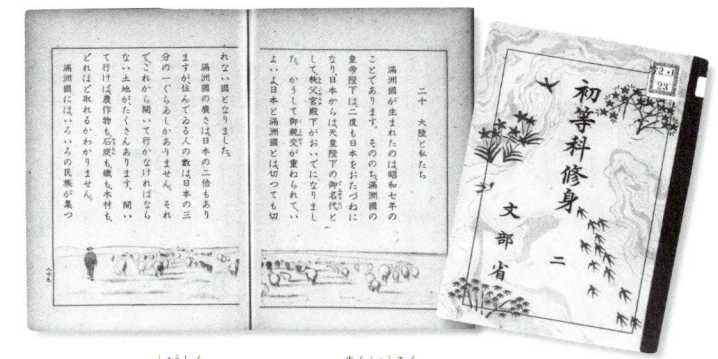

▲戦時中の修身の教科書。「満州国が生まれたのは昭和七年」と書いてありますが、昭和７（1932）年に日本が満州国を建国（11ページ参照）したことを示しています。（写真：国立国会図書館デジタル化資料より）

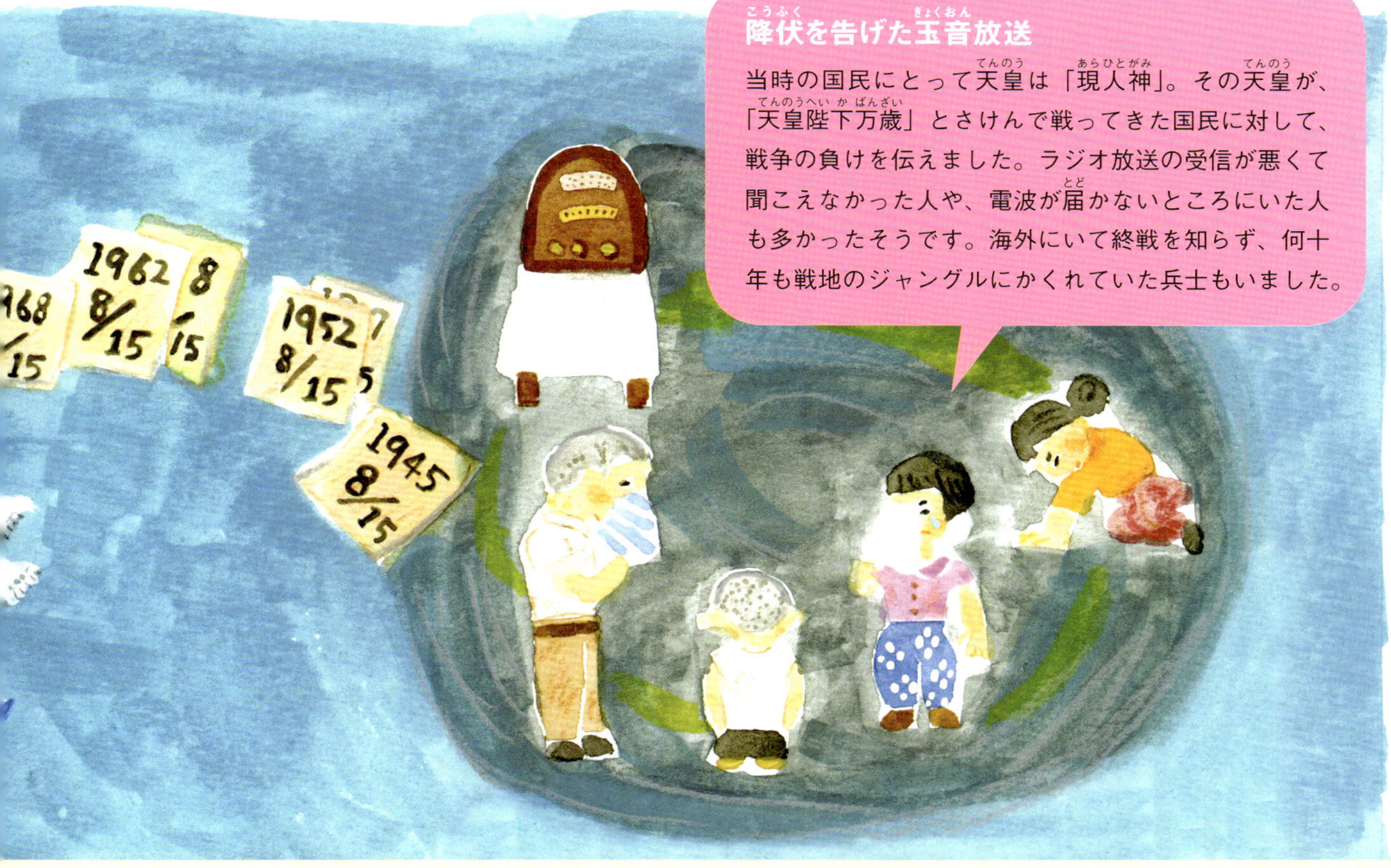

降伏を告げた玉音放送

当時の国民にとって天皇は「現人神」。その天皇が、「天皇陛下万歳」とさけんで戦ってきた国民に対して、戦争の負けを伝えました。ラジオ放送の受信が悪くて聞こえなかった人や、電波が届かないところにいた人も多かったそうです。海外にいて終戦を知らず、何十年も戦地のジャングルにかくれていた兵士もいました。

ダム宣言に調印した９月２日を「VJ Day(日本に勝った日)」と呼んでいます。なぜ国によって呼び方が異なるのかな。

●世界中で経済が発展した時代

18世紀の後半から19世紀にかけて、欧米の各地で「産業革命（工業の技術が発展して生産が拡大する現象）」が起こりました。産業革命によって欧米の経済は急激に発展し、その影響は日本にもおよびました。日本にとって、欧米の国ぐにに負けない強い国になることが大きな目標になったのです。明治政府は、工業を中心に経済を発展させて軍事力を高めるという、「富国強兵」の方針をかかげた国づくりを急ぎました。

こうして、強大な工業生産力、軍事力を備えた欧米諸国と日本は、植民地を求めて、アジアの国ぐにや太平洋の島じまへと進出していきました。

19世紀の終わりから20世紀はじめの東アジア

朝鮮半島をねらうロシア
19世紀後半になると、欧米の国ぐにと日本は競ってアジアに進出しました。ロシアが朝鮮半島へ進出しようとすると日本が抗議し、日露戦争へと発展しました。

列強諸国に侵略される清
清はかつて、強大な領土と勢力を持ち、「眠れる獅子」と周囲におそれられる存在でした。しかし、日清戦争の敗北をきっかけに勢いはおとろえ、日本、イギリス、フランス、ドイツ、ロシアの列強諸国に侵略される状態におちいりました。

満州
朝鮮
日本
台湾

[ロシアの国名の移り変わり] 1917年にロシア帝国（ロシア）で革命が起き、皇帝の権力が倒されました。その後、1922年にソビエト社会主義共和国連邦（ソ連）が樹立。ソ連は1991年に崩壊して、ロシア連邦（ロシア）とほかの国ぐにに分かれました。この本では、取りあつかわれている時代に沿って書かれています。

19世紀のころ、今の朝鮮半島や台湾も、日本の領土にふくまれていました。領土にするってどんなことだろう。

えっ！日本は昔、戦争の国だったの？

●領土を広げていく争い

同じころ、朝鮮（今の韓国と朝鮮民主主義人民共和国〈北朝鮮〉）の国内では反乱が起きていました。日本は反乱につけこんで朝鮮へ進出。これに反発した清も朝鮮へ出兵し、1894年8月、日清戦争が始まりました。戦いは日本の勝利となり、清は朝鮮の独立を認め、台湾を日本にゆずりわたすことなどが決められました。

1904年には、朝鮮半島をめぐってロシアと対立。国内では、反戦を唱える者もいましたが、2月に日露戦争が始まりました。この戦いでも日本は勝利をおさめて、樺太（サハリン）の南半分と、南満州の鉄道や鉱山の支配権を得ることになりました。

歌人の与謝野晶子は、日露戦争に出兵した弟を嘆いて『君死にたまふことなかれ』という詩を書いています。詩の一節、「親は刃をにぎらせて人を殺せとをしへしや（親は刃物をにぎらせて、人を殺せとあなたに教えましたか）」からは、戦争という、人と人とが殺し合う行為を悲しむ気持ちが読み取れます。

樺太（サハリン）

拡大する日本の領土
日清戦争後には台湾を、日露戦争後には樺太の半分を、1910年には朝鮮半島を日本の植民地（韓国併合）とし、領土を拡大していきました。

開国を機に近代国家を目指す日本
長い間、鎖国を続けてきた日本も、19世紀半ばになると欧米に開国をせまられ、認めざるを得なくなりました。政府は、欧米と対等な地位を得るために、国家の近代化を目指し、しだいに近隣諸国とも対立するようになりました。

> もっと知りたい！
>
> ### 植民地ってどんなところなの？
>
> 国外の地域に国民を移り住まわせて、政治的にも経済的にも自分の国の領土として支配する場所のことを「植民地」といいます。その地域にある豊富な地下資源や森林資源や農産物を手に入れるのが大きな目的でした。19世紀後半には、イギリス、フランス、ドイツ、アメリカなどの先進国が競って植民地を求めました。産業革命による生産技術の発達が、大量生産を可能にし、ものを売買して利益を目指す競争社会ができあがったためです。先進国の国ぐには、植民地の資源で製品を大量につくり、それを売買することで、富を得ていきました。

日本がほかの国の植民地になったら、どうなるのかな。

軍部による中国侵略

19世紀の終わりごろから、欧米では植民地をめぐる争いが激しくなり、第一次世界大戦（1914年～1918年）が勃発しました。この戦争は、日本に大戦景気（20ページ参照）をもたらし、国内の工業生産を発展させました。しかし1929年、世界恐慌が発生し、日本は深刻な不況におちいりました。社会に不安が広がり、国民の不満がつのると、軍部は中国での支配を強めて、これをしずめようとしました。

1931年、関東軍（日本の陸軍）が南満州鉄道の線路をわざと爆破すると、それを中国軍のしわざだと言って、戦争を起こしたといわれています。その後、わずか5か月で満州全域を占領しました。この「満州事変」をさかいに、日本は長く続く戦争の時代へと突入していきました。

◀満州事変で占領した奉天（現在の瀋陽市）には、関東軍の司令部が設置されました。写真の建物は、もともと銀行でしたが、関東軍に占拠されてしまったのです。（1931年）（写真提供：朝日新聞社）

1931年9月18日の夜、奉天の郊外・柳条湖で、関東軍が南満州鉄道の線路を爆破したといわれています。この直後、内閣は国際問題になるのをおそれて、事件を拡大させない方針を決めました。しかし、関東軍はそれを無視して、満州全域の占領にふみ切りました。

暗殺された犬養首相は、海軍の青年将校たちにピストルでうたれた直後も、「話せばわかる」と言って、最後まで話

●満州事変をめぐる対立

　満州事変をめぐっては、内閣と軍部の考えが対立しました。当時の首相・犬養毅は「中国との話し合いで、満州事変を解決したい」と考えていたのに対して、軍部は満州国の設立をせまったのです。

　1932年3月、関東軍は、清の最後の皇帝・溥儀を元首として、満州国の建国を宣言させました。このとき、内閣は満州国を承認しませんでした。しかし、5月に犬養首相が海軍の青年将校たちに暗殺されてしまい、この事件（五・一五事件）を機に、軍部の力は強まっていきました。

　国際連盟は1933年の特別総会で、満州事変を自衛のための戦争とは認めず、満州から撤退するよう日本に求めました。これを不服に思った日本は国際連盟を脱退して、国際社会の中で孤立を深めていきました。

　日本は撤退するどころか、「満州開拓移民推進計画」を1936年に決定して移民政策を展開しました。当時の日本は貧しく、海外へ出れば一旗あげられると考える人が多くいました。こうして政府が満州へ送りこんだ開拓移民の数は24万人にもなりました。この移民政策には、ソ連との国境地帯に日本人の人口を増やして、ソ連の攻撃に備えるねらいもありました。開拓移民が移り住んだ先は、政府が地元の農民から強制的に安く買い上げた土地でした。山がちな日本ではあまり見られない、広大な土地で、大豆やコーリャン（タカキビ）、アワなどの穀物をつくり、食糧不足になやんでいた日本へ供給しました。

▲満州国の建国記念日を祝う人びと。中央のめがねをかけている人物が溥儀。元首といっても、関東軍の同意がなければ政策を実行できず、実際には皇帝は日本の言いなりでした。（1933年）（写真提供：朝日新聞社）

もっと知りたい！

史上初の国際組織・国際連盟の役割

　国際連盟は、今の国際連合の前身にあたる組織です。第一次世界大戦（1914年〜1918年）のあとに世界の平和を守るために設立されました。このような国際的な組織は人類の歴史上はじめてのことでした。しかし連盟の設立を提案したアメリカは参加せず、また、国ぐにの間に対立が深まるたびに、日本をはじめ、ドイツやイタリアなども次つぎに脱退していきました。世界大戦の反省のうえにできた組織でしたが、次の戦争を止めることはできなかったのでした。

し合いで説得しようとしたといわれています。なぜ、海軍側は話し合いでの解決を選ばなかったのかな。

中国との全面戦争へ

満州事変のあと、中国では日本に対する反感が強まりました。1937年に盧溝橋事件、そして上海事変と、日本と中国の軍隊が衝突する事件が相次いで起こりました。これをきっかけに日本から多くの兵が送られて、日本と中国の間で全面的な戦争が勃発しました。日中戦争の始まりです。

戦いを重ねるたびに日本軍は兵を増やして、中国各地を攻めていきました。そして上海から内陸へと進んで首都の南京を占領したときは、何か月にもわたって攻撃を与えて、現地の人びとをたくさん殺しました。これは南京事件と呼ばれ、多くの一般市民を犠牲にしたことは、当時、中国や海外の新聞でも報じられて国際社会の非難をあびました。これについては現在でも、どういう事件だったかをめぐって、中国と日本の間で歴史的な議論が続けられています。

資源、物資が不足していた日本
日本は、日中戦争が長引くにつれて資源、物資不足が深刻化してきました。その状況に危機感を抱き、欧米の植民地である東南アジアに進出していったのです。そのため、現地ではひどい食糧不足や地域経済の混乱に苦しみました。

日本や欧米諸国は、東南アジアや太平洋の島じまを次つぎと植民地にしました。そこでは、当時、どういう人たちが、

●太平洋戦争へと向かう日本

　中国側は、その後もアメリカやイギリス、ソ連の助けを借りながらも自力で日本軍に抵抗を続けました。

　日本は、大日本帝国を拡大することを目的に、1940年9月にドイツ、イタリアと日独伊三国同盟を、1941年4月にはソ連と日ソ中立条約を結び、たがいの国には手を出さないことを確認しました。そうやって北の方の安全を確保したあとに、アジアの南の方へと軍隊を進めていきました。日中戦争が長引いて、もっと資源が欲しいという野心を胸に、勢いよく南へ進んでいったのです。

　そのようすをうかがっていたアメリカは、日本が中国から東南アジアへと支配を広げていくのをおそれ、燃料の輸出を禁止するなどして、日本に制裁を加えました。

　日本とアメリカの関係が悪くなる中、近衛文麿内閣は戦争になるのをさけるために、両国の代表者同士で交渉（日米交渉）を進めました。しかし、ここでもまた、話し合いでの解決を目指す内閣と、開戦を主張する軍部が対立し、結局、交渉は成功せずに終わってしまいました。

　国内では軍部の権力が強大になり、太平洋戦争へとつき進んでしまったのです。

満州事変のときも、日米交渉のときも、内閣の中には「相手との話し合いで解決しよう」という声がありました。しかし、軍部の強い反発をおさえ切れず、和平交渉には結びつきませんでした。

もっと知りたい！
日本に侵略されたアジアの国ぐに

　日本が侵略を進めていったアジアの国ぐにには、それまでも長い間、列強の支配に苦しんでいました。現在のベトナム、ラオス、カンボジアのある地域は1887年からフランスの支配下にあって、フランス領インドシナと呼ばれていました。日本軍は1940年にインドシナに進出。3つの国をフランスから独立させて大東亜共栄圏（16ページ参照）の一員にして、ここでとれる石炭やコメを日本に供給しました。太平洋戦争後も、この地域は列強からの圧力にほんろうされて、ベトナム戦争、カンボジア内戦と、長い戦争の時代を過ごしました。

ひとりで・みんなで 考えてみよう

ほかの国に支配されるって、どんなことだろう？

日本はアジアの国ぐにや太平洋の島じまに進出して人びとを支配し、たくさんのものをうばいました。
支配されるというのは、どんなことが起こることなのでしょう。
支配された人びとは、どう感じたのでしょう。

日本がしたこと1
満州の開拓

満州には日本から24万人もの開拓移民が送りこまれました。政府の方針を疑うことなく、移民たちは広い大地を苦労して耕して、食糧生産にはげみました。けれど、その土地は、日本政府が現地の農家などから不当に安く買い取った土地でした。

（写真提供：毎日新聞社）

◀畑仕事の合間に休けいを取る開拓移民。家族で働く喜びが伝わってきます。（1942年）

（写真提供：毎日新聞社）

▼広大な土地を耕す開拓移民の子どもたち。小学生も一生懸命、手伝いました。（撮影年不詳）

想像してみよう

もし、自分の暮らす静かな村に、たくさんの外国人がやって来て畑をつくりだしたとしたら、どんな気持ちになるかな。

現地の人たちは食べ物が不足しなかったのかな

`日本がしたこと２`

皇民化政策

　日本は1910年に朝鮮を併合して日本の一部にしました。そのときに朝鮮の人びとを日本人と同化させて日本の天皇に尽くす人にする教育（皇民化政策）をしました。朝鮮語の使用を禁止して日本語の勉強をさせたり、名前を日本名に変えさせたり、神社を建てて参拝を強要したりしたのです。

「母国語が話せないなんて、つらいだろうなあ」

「自分の国が外国人に支配されるのは、いやだ！」

▲村人を集めて日本の天皇のことを日本語で教えています。教えているのは、学校で皇民化教育を受けた朝鮮人の子どもです。（現在の北朝鮮の平安南道で。1940年）（写真提供：朝日新聞社）

想像してみよう

　もし、ある日とつぜん、日本語が使えなくなって、自分の名前が外国の名前になったら、どんな気持ちになるかな。自分が信じていない神様をお参りしなくてはならなかったら、どんな気持ちかな。

`日本がしたこと３`

日本軍の兵士にする

　朝鮮や台湾の人たちの中には日本軍の軍隊に入って戦った人も多くいました。台湾では先住民族の人たちはジャングルでの戦いが得意だとされて、フィリピンや太平洋の島じまの戦場に送りこまれました。

想像してみよう

　よその国の軍隊に入ってその国のために戦った人は、どんな気持ちだったのかな。

「亡くなった人も多かったんだろうね……」

▲台湾の人たちによる「薫空挺隊」と呼ばれた部隊の兵士。この部隊はジャングルでの戦い専門に組織されました。（1944年）（写真提供：毎日新聞社）

15

戦場はどんなようすだっただろう

1941年に日本軍がハワイの真珠湾を攻撃したことから、太平洋戦争が始まりました。
はじめは日本側が優位に立っていたものの、次第に勢いを失っていき、多くの兵士がその犠牲となりました。

第二次世界大戦の始まり
1939年9月1日、ヒトラー（ナチス党の一党独裁制をしいたドイツの指導者）率いるドイツが、ついにポーランドに侵攻しました。これに対してイギリス、フランスが宣戦し、第二次世界大戦が始まりました。

日本が進出した最大範囲（1943年）
日本は、「大東亜共栄圏」という、日本をリーダーとしてアジアの民族が栄えるという考えをかかげて、マレー半島や香港、シンガポール、インドネシア、フィリピンなどの東南アジアの国ぐにや太平洋の島じまに進出していきました。

●ハワイ真珠湾への襲撃

1941年12月8日、日本はハワイ・オアフ島の真珠湾（パール・ハーバー）に面したアメリカ軍基地を襲撃して太平洋戦争を起こしました。すでに戦争中だった中国に加えて、アメリカやイギリス、オランダなどの国ぐにとも戦うことになったのです。少し前のヨーロッパでは1939年にドイツが起こした第二次世界大戦が始まり、戦火はアフリカや中東にも広がっていました。

世界を巻きこんだ大戦のうち、日本が引き起こしたものは太平洋戦争と呼ばれています。この戦争で日本は、アジアの広大な地域のほか、太平洋の多くの島じまを戦場にしました。日本は敵側の国が持つこれらの植民地に攻めこんで、次つぎと占領していきました。

考えるヒント
❓「大東亜共栄圏」を唱えていた日本ですが、その支配下に置かれた地域では、現地の人びとが戦争や労働に

太平洋戦争の始まり
第二次世界大戦が始まった翌年、日本はドイツ、イタリアと同盟（日独伊三国同盟）を結びました。これを不服に思ったアメリカは、日本への資源輸出を制限するなどして制裁を加え、両国は対立を深めました。そして1941年12月、日本軍がハワイの真珠湾を攻撃し、太平洋戦争が始まったのです。

ハワイ諸島

▲日本軍の攻撃でかたむくアメリカの戦艦・アリゾナ。（ハワイ・オアフ島にて。1941年）（写真提供：毎日新聞社）

参考：『新中学校　歴史　改訂版　日本の歴史と世界』（清水書院）より

●解放？　それとも侵略？

日本は太平洋戦争を「欧米の植民地支配からアジアを解放するための聖なる戦い」と位置づけていました。敵側の植民地を戦いでうばい取ると、それらの多くを独立させると宣言しました。けれども実際には、満州国でもそうだったように、独立国というのは名ばかりのものでした。独立させた国の指導者に日本が選んだ人物を置いて、政治的にも経済的にも支配しました。

アジアや太平洋の島じまの人びとにとって、この戦争はなんだったのでしょうか。突然、自分の住むところが利益を争う戦場にされて、命の危険に巻きこまれました。そしてその結果は、現地の人びとを支配する国が、列強の間で交代しただけに過ぎませんでした。

もっと知りたい！
日本はアジアの国ぐににどう思われていたの？

太平洋戦争の目的のおおもとには「大東亜共栄圏の建設」という構想がありました。日本は、これを「アジアの国ぐにを欧米の植民地支配から解放して、大東亜共栄圏というひとつの大きなまとまりのある地域を形づくり、共に栄えていこうという考え」だと説明しました。アジアの国ぐにの中には、この考えに期待を寄せた人もいました。

しかし、いざ日本が欧米にかわり支配権を持つと、皇民化政策（15ページ参照）を持ちこんで日本語の勉強を強要したり、鉄道建設のために過酷な労働をさせたり、正当な理由なく現地の人を殺したりして、多数の住民が犠牲となりました。女性の場合は、軍人などによって、性的な暴力を加えられることも、めずらしくありませんでした。

敗戦が近くなると、各地で日本の支配に対する抵抗運動が起こるようになりました。

かり出されていました。現地の人たちには、日本がどんなふうに見えたかな。

どろぬまの戦争へ

太平洋戦争を始めてからしばらくは勝利を続けていた日本軍でしたが、その流れを大きく変えたのが、ミッドウェー島沖での戦いでした。1942年６月、ハワイの北西にあるこの島を攻め取ろうと向かっていた日本軍の艦隊が、アメリカ軍に海上でむかえうちにされて、日本軍は大きな打撃を受けたのです。

８月には、オーストラリアの北東にあるガダルカナル島で、アメリカ軍との６か月にもおよぶ陸上戦の末に敗北。それからも敵側の本格的な反撃は続き、日本軍は追いつめられていったのです。そして翌年５月にアラスカ沖のアリューシャン列島にあるアッツ島で日本軍が玉砕したように、同じことが各地の戦場で起きていきました。

東京日日新聞

帝國海軍東太平洋全域に大作戰

雄大豪壮の戦略戦史に絶す

アリューシャン要點攻略 陸軍協同

ミッドウェー強襲も敢行

米の航空母艦二隻を撃沈

濠雨港 シドニー、ニューキャッスル 砲撃

我潜艦 アフリカ東岸で英船三隻撃沈

東太平洋の大勝

ダッチハーバー

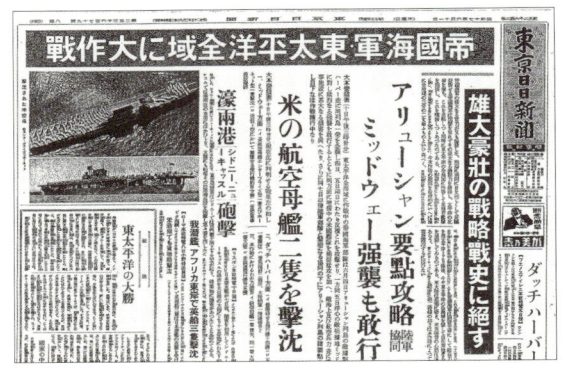

▲ミッドウェー海戦を報じる新聞記事。日本軍が勇ましく攻めこみ、アメリカ軍の空母を撃沈したと書かれています。日本軍は大きな打撃を受けたにもかかわらず、国民には事実をかくしていました。（東京日日新聞 1942年６月11日付）

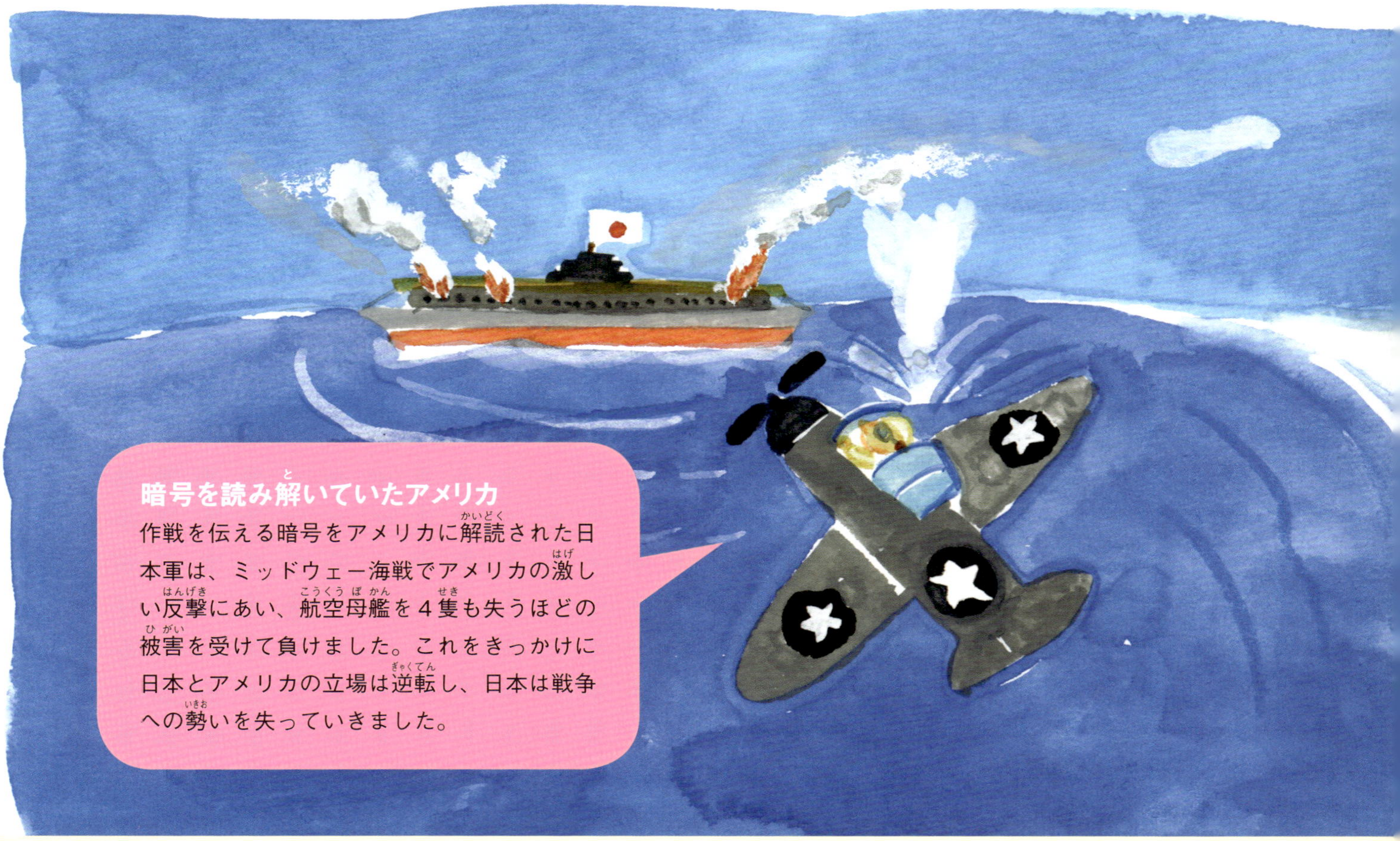

暗号を読み解いていたアメリカ

作戦を伝える暗号をアメリカに解読された日本軍は、ミッドウェー海戦でアメリカの激しい反撃にあい、航空母艦を４隻も失うほどの被害を受けて負けました。これをきっかけに日本とアメリカの立場は逆転し、日本は戦争への勢いを失っていきました。

考えるヒント

日本軍が大きな打撃を受けた事実はかくされていたため、当時の国民の多くは、「日本は強い」「日本は勝つ」と

● 飢えに苦しみながら

　戦争をするためには、たくさんのお金と物資を集めなければなりません。戦いで使う武器や燃料、航空機や船などのほかにも、戦地に基地を建設するための材料が必要です。そして、兵士たちのための食料や医薬品も必要になります。これらの大量の物資を各地の戦場に送り届けることができなければ、戦争を続けることはできません。

　資源にとぼしい国だからこそ、欧米の持つ植民地を手に入れようとして戦争を始めた日本軍にとって、戦場への物資の調達と輸送はとても困難でした。輸送船が攻撃されて、物資がまったく届かないということも続くようになりました。また日本軍では、失敗の原因をていねいに分析して次の計画に生かすことよりも、「命がけで戦えば勝てる」という精神的な考えが優先されがちでした。

　物資も食料もないなかで、多くの兵士が飢えや病気で死んでいきました。日本軍の戦死者の半分以上が餓死によるものだといわれています。

命よりも名誉を大切に
兵士は「戦いに負けて敵の捕虜になるのは不名誉なこと。決して捕まってはならない」と教えられていました。そのため、けがや病気をして動けない兵士や、敵に追いつめられて逃げ場を失った兵士たちが「自決」（自殺）を選ぶことも多く起こりました。

もっと知りたい！
玉砕ってどんな意味なの？

　政府は、戦いで全滅したことを発表するときに、「玉のように美しく砕け散った」という意味で、玉砕という言葉を使っていました。戦争中、人びとは「戦場で死ぬことは名誉なこと」「潔く死ぬのが美しい」と教えられていました。そのため、家族が戦死しても涙を見せてはいけなかったのです。お国のために命をささげて戦ったことを誇りに思うようにと教えられました。

　また、戦死したことを玉砕という言葉に言いかえることで、人びとの目を現実からそらせようとする意図もありました。

　ミッドウェー海戦以降、日本は形勢が不利になり、あちこちの戦場で玉砕する人が相次ぎました。

　国内では、「一億玉砕」というスローガンが生まれ、本土決戦になれば国民全員が戦いに立つようにと、さかんに宣伝されたのです。

戦争中はどのような生活だったの？

明治維新のあと、日本は富国強兵の道をまっしぐらに進み、経済発展のために戦争を利用しました。日本が戦争の国だったとき、人びとはどんな暮らしをしていたのでしょうか。

●戦争と経済の結びつき

戦争は経済の営みと深く結びついています。戦争によってお金持ちになることもあるのです。明治維新のあと、国じゅうが戦争一色にぬられていった日本の歩みを、経済の面から少しふり返ってみましょう。

日本は、日清戦争と日露戦争で、相手の国から多額の賠償金をもらい、また領土を広げ、豊かになりました。また、第一次世界大戦のときには、戦場となったヨーロッパへの武器の輸出が増えたおかげで、「大戦景気（戦争のおかげで利益が増えること）」にわきました。このときまで、日本は戦争でもうけてきたのです。

1928年の世界恐慌を受けて日本も1930年代は不景気でした。不況を突破するためもあって戦争を始めたのに、戦況は

戦争で経済が発展し、成金が生まれる一方で、安い賃金で働かされていた労働者たちは、好景気による物価上昇に苦しみました。そして、賃金の引き上げを求める運動が広がっていったのです。

考えるヒント　富国強兵政策による工業の発展のかげで、労働者たちは苦しい生活を強いられていました。こういう状況で、寝る間

次第に不利になり、国力を失った日本はますます貧しくなりました。

このように、戦争と経済には深い結びつきがあり、かつての日本では、経済を豊かにする手段として戦争が利用されたのです。

●富国強兵のしわ寄せ

ただし、戦争のおかげで経済が上向いたとしても、必ずしも人びとの生活がよくなるとは限りません。富国強兵（8ページ参照）の政策のもとでは、工場でたくさんの人びとが働く必要があります。労働者の賃金はとても低く、ひどい状況で働かされたせいで、けがや病気に苦しむ人も増えました。けれど、国が生活に困った人を助ける手立ては、ほとんどありませんでした。

国の予算の多くが軍事費に注ぎこまれ、戦争のばく大な費用をまかなうために、人びとが負担する税金の額もふくらんでいきました。お金は、財閥などの一部の人たちの手に集まるばかりで、貧富の格差がとても大きくなりました。労働者たちの間では、労働時間や賃金の改善を求め、労働運動が活発になりました。

これは、過去の日本だけの問題ではありません。現在でも、開発途上国などの国ぐにでは、富国強兵の政策のもとで苦しむ人びとがいます。

▲日清戦争の勝利で得た賠償金で建設された官営八幡製鉄所。第一次世界大戦が始まると鉄鋼の需要が高まり、一時は国内生産の80パーセントを占めるまでになりました。（写真提供：PANA通信社）

もっと知りたい！
財閥ってなんだろう

銀行や、たくさんの会社が巨大な集団をつくって、それを特定の家族とその一族が支配しているという企業の形のことを財閥といいます。戦前の日本では、三大財閥と呼ばれた三井家の三井財閥、岩崎家の三菱財閥、住友家の住友財閥が、政府や政治家と結びついて、国の政治に大きな影響力をおよぼしていました。

これらの財閥の進出分野は、紡績や鉱山開発、鉄道、造船、貿易などのさまざまな産業におよび、日本の富国強兵政策を支えていました。財閥や資産家が、自分たちの利益のために戦争をあおっていたのです。

そのため、第二次世界大戦後には、日本を占領したGHQ（連合国軍最高司令官総司令部）による民主化政策のもと解体を命じられ、戦前よりも影響力が弱まりました。

● ものが足りない

　戦争が長引くにつれ、人びとの生活にも影響が出てきました。日中戦争が始まると、国は国家総動員法を定めて、戦争に必要なものを何よりも優先して確保できるように生産や流通を管理のもとにおいたのです。日常生活に必要なものは、配給制をしきました。これは、品物ごとにひとり当たりの配給量を細かく決めて、その分のきっぷを各家庭に支給し、このきっぷなしでは買い物ができなくなるようにするしくみでした。

　1941年に真っ先に主食のコメが配給制の対象になりました。さらに野菜、肉、砂糖、みそなどの食品のほかにも、酒やタバコ、マッチ、衣料品など、対象はさまざまなものにおよびました。配給量は必要な量には足りず、人びとはいつもお腹を空かせていました。

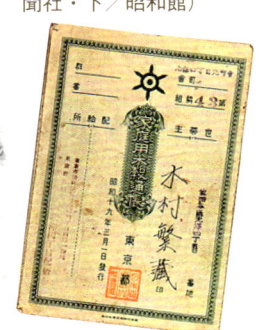

◀砂糖の配給所と配給きっぷ。きっぷと引き換えに砂糖を購入します。
（写真提供：左／毎日新聞社・下／昭和館）

さまざまな代用食と代用品

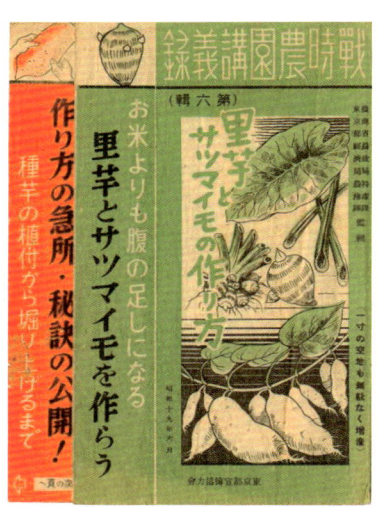

◀食糧不足が深刻になると、家庭菜園で野菜を育てることが呼びかけられました。さつまいもは、コメや麦にかわる主食に位置づけられました。

（写真提供：奈良県立図書情報館）

▶竹製のランドセルと、陶器製のアイロン、釜。鉄や革の使用が制限され、陶器や竹、木などでつくった代用品が登場しました。（写真提供：昭和館）

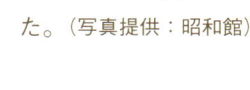

22　家族が兵士として戦争に出征したら、生きて再会できないことがたくさんありました。当時の日本の人たちは、

戦争中はどのような生活だったの？

●お国のために

武器をつくるために必要な金属も不足していました。国は全国に金属類回収令を出して、人びとの手もとにある金属類を国に差し出すように求めました。家庭からはなべや指輪、タンスの取っ手まで、あらゆる金属が回収されました。店の看板や、学校のストーブ、公園に立つ銅像にお寺のかねさえも対象になりました。

不足していたのは金属だけではありません。マツの木にふくまれる油は飛行機の燃料のかわりになるとされて、各地でマツの木が切られました。家で飼っているイヌやネコまでも、毛皮を利用するために、国に差し出さなければなりませんでした。

このように、この戦争は、戦場で兵士が戦うだけではなく、国民が一丸となって戦う「国家総力戦」だとされたのでした。

▲金属類回収令のもと、学校の備品、日用品など、身の回りにある金属が集められたようす。（写真提供：南丹市立富本小学校（所蔵）・南丹市立文化博物館）

もっと知りたい！

国家総動員法ってどんな法律なの？

1938年に制定された法律で、国家のすべてを政府の管理のもとにおいて、戦争に活用できるように定めたものです。これによって、すべての物資が最優先で戦争へ向けられることになり、また国民全員が一丸となって戦争に協力することが義務づけられました。

前年の1937年には、政府は「国民精神総動員」という運動を推進し始めました。これは「自己を犠牲にして国家のために尽くす」という「滅私奉公」の精神を国民全員に強いるものでした。

当時の国民には兵役の義務があり、召集された男性は兵士として戦争に参加しなければなりませんでした。祖国のために戦うことは名誉なこととされ、見送りの人たちに激励されるなか、出征しました。

それを名誉に思いながら、家族との別れをどう感じたのだろう。

●世界にひとつの神の国

戦前の学校での歴史の授業では、日本の国のおこりについて、神話をそのまま事実として教えていました。当時の社会の教科書には、「日本は天照大神の子孫として代々続いてきた天皇がおさめる神の国」ということが書かれています。そして、「天皇は人間でありながら同時に神である（現人神）」と教えられていました。

修身（今の道徳）の教科書でも、こう書かれています。「日本ヨイ国、キヨイ国。世界ニーツノ神ノ国」「日本ヨイ国、強イ国。世界ニカガヤクエライ国」。

天皇のもとで国民がひとつの家族のようにまとまって、強く、すぐれた国づくりにはげむことを、国民全員が求められていました。戦争が長引いて、日本にはもう勝ち目がない状況になってからも、「いざとなれば神風がふく。だから必ず勝つのだ」という考えに、人びとはすがり続けていたのでした。

●口をつぐんだ時代

このような状況のなかでも、「戦争はまちがっているのではないか」と考える人はいました。しかし、国の方針に疑問を持つ

英語は使わない！
「日本の敵対国であるアメリカやイギリスの言語を使用しない」という運動が起こり、ものの呼び方が英語から日本語に置きかえられました。

[英]カレーライス
[日]辛味入汁掛飯

[英]ピアノ
[日]洋琴

[英]ストライク
[日]よし一本

今の日本のような言論の自由は、戦時中の日本にはほとんどありませんでした。ひとつの方針に反対すると

人が反対や批判の声をあげることは、とても危険なことでした。そのような人を厳しく取りしまる法律があったからです。

この法律に関わる事件を専門にあつかう特別高等警察が、まちのすみずみにまで目を光らせ、耳をそば立てていました。警察への密告も奨励されました。銭湯で戦争についてなにげなく不平をこぼしたせいで、あとから警察に呼ばれた、というような例が、記録にたくさん残っています。

国とちがう考えや意見を持つ人は、「非国民」という言葉で非難されました。政治的な信念で、国の方針や戦争に反対する運動をしていた人たちは、さらに厳しい取りしまりを受けました。証拠もなく逮捕され、ごうもんを受けて命を落とした人も多かったのです。

▲「日本は神の国だ」という考えを植えつけるために、日本は朝鮮の各地にも神社を建立して参拝を強要しました（15ページ参照）。写真もそのような神社のひとつで、天照大神と明治天皇がまつられています。
（写真提供：朝日新聞社）

戦争に協力しない者は非国民！
平和主義や自由主義などの考えを持つ人たちは、厳しく取りしまられました。

もっと知りたい！
同じ日本人なのに、なぜ非国民というの？

言論の自由がなく、また国民全員が戦争というひとつの目的に向かうことを強制されていた当時の日本では、「国民は、こうあるべき」という像が形づくられていました。そのような像から外れた人は「国民にふさわしくない」という意味の「非国民」という言葉で非難されました。

戦争に反対の人や、戦争に協力的でない人だけでなく、そのうち苦しい生活に不満をもらす人までもが非国民と呼ばれるようになりました。こうして、国家の命令に従わない人を迫害していじめる空気が日本中に広がっていきました。

子どもも戦争に参加させられたの？

太平洋戦争の終わりごろになると、子どもまでも、戦争のために働かなければなりませんでした。
学校のかわりに工場へ行き、教科書のかわりに武器を持って、国民みんなで戦争へ立ち向かうことになったのです。

● 働く子どもたち

働きざかりの年代の男性のほとんどが戦場に送られたことから、太平洋戦争の末期には、労働力の不足が深刻になりました。国は、足りない労働力をおぎなうため、国民学校中等科（今の中学校）以上の学校に通う生徒に、おとなと同じように働くことを義務づけたのです。これを「学徒勤労動員」といいます。

生徒たちは、授業を受けるかわりに軍需工場で働いたり、食糧増産のための農作業にかり出されたりしました。また、敵の爆撃によって建物が密集する地域に火が燃え広がらないよう、建物をあらかじめ取り壊す作業にもたずさわりました。学校では、兵士になるための厳しい訓練も行われました。体をきたえ、武器の使い方を学ぶことが、子どもたちの日常になったのです。

▲学校に農園をつくり、農産物を栽培する子どもたち。
（写真提供：毎日新聞社）

当時、「一億玉砕」というスローガンがかかげられたように、若い男性だけでなく、女性も子どももお年寄りも、全国民（一億人）が一丸となって、戦争に立ち向かっていたのです。

戦時中は、「戦争することが正しい」とする国の言葉が、新聞広告やまちなかの看板などで広く宣伝されました。

子どもも戦争に参加させられたの？

●国をあげて戦うために

　太平洋戦争は、国をあげて国民全員が戦争に参加しなければならない国家総力戦だとされていました。子どもたちの働きもまた、戦争の一部だったのです。女性たちも同様でした。12歳から25歳までの女性は「女子挺身隊」という組織に参加して、やはり工場などで働きました。

　おとなの女性が参加する「大日本国防婦人会」という組織もつくられました。女性たちは近所を回って、戦時下の国民にふさわしい生活のしかたを指導して歩きました。こうして、人びとの服装や暮らしぶりにぜいたくがないか、戦争への心構えができているかを、国民同士で監視し合ったのです。

　太平洋戦争の終わりごろになると、これらの組織をひとつにまとめた「国民義勇隊」がつくられました。12歳から65歳の男性、12歳から45歳の女性で組織され、軍需工場で働いたり、防災訓練や、敵を竹やりで突く訓練などを行いました。日本国内が戦場になる本土決戦に備えて、国のすみずみに、総力戦の準備が整えられたのでした。

▲工場に動員されるだけでなく、学校がそのまま軍需工場として使われることもありました。写真は、教室で軍服をぬう女学生たちのようす。

もっと知りたい！

かり出されたのは日本人だけじゃない？

　戦争中は国内の労働力不足をおぎなうために、大勢の朝鮮人や中国人が日本に送りこまれました。当初は希望者をつのるという形を取りましたが、目標人数をそろえるために、無理強いされて日本へ送られた人も多くいました。1944年からは徴用（強制的に労働させること）が行われるようになりました。

　日本で労働についた朝鮮人は約80万人、中国人は約5万人といわれています。働かされた場所は炭鉱が多く、過酷な炭鉱労働者全体のうち、朝鮮人と中国人がしめる割合は3分の1以上になりました。

「一億玉砕」という言葉を聞いて、どう感じるか、話し合ってみよう。

● **兵士になった少年たち**

　当時の法律では、20歳以上の男性は兵士になる義務がありました。やがて兵士の不足が深刻になると、1943年には年齢が19歳に引き下げられました。今の大学生にあたる学生は兵士になる義務が免除されていましたが、やがて文科系の学生を中心に徴兵が始まりました。これを「学徒出陣」といいます。

　沖縄では子どもまでもが兵士にされました。中学校（今の中学校や高校にあたる学校）ごとに「鉄血勤皇隊」が結成されて、14歳から19歳の生徒が戦場へ送り出されたのです。

　軍隊でも若い命が犠牲となりました。海軍には14歳以上の未成年者が対象の「海軍飛行予科練習生（予科練）」という飛行兵養成制度がありましたが、戦争末期にはその予科練生らを中心に「特別攻撃隊（特攻隊）」が組織されました。隊員の多くが20歳前後の若者でした。

　「神風」とも呼ばれたこの攻撃隊の隊員たちは、爆弾を積んだ小型飛行機で敵の艦船に体当たりするという自爆攻撃を命じられました。隊員たちは、自分自身が必ず死ぬことが前提の攻撃に向かわされたのです。このような自爆攻撃としては、ひとり乗りの小型潜水艇で艦船につっこむ、「人間魚

戦争が激しくなっていくと、学生までもが、勉強を中断して教科書のかわりに銃を持ち、戦闘に参加させられるようになりました。

太平洋戦争で空襲にあった地域は日本各地にありますが、戦場になったのは沖縄だけでした。その傷あとが沖縄の

雷」と呼ばれたものもありました。日本が戦争に勝つ見こみなど、もうまったくない中で、このようなむぼうな攻撃が重ねられ、多くの命がうばわれました。

● 戦場に連れていかれた少女たち

　沖縄では女子生徒までもが、軍隊と行動を共にしました。看護要員として、けがや病気の兵士の世話にかり出されたのです。1945年の春に、高等女学校（今の中学校と高校にあたる女子専門の学校）などの学校ごとに「学徒隊」が結成されて、生徒たちが戦場へと送られました。

　学徒隊が働いた場所は、自然のどうくつや丘の斜面にほった横穴の中の野戦病院でした。暗やみの中でろうそくの明かりだけをたよりに、手術の手伝いや包帯の交換、はいせつや食事の世話などに明けくれました。戦闘が激しくなるにつれ、飛びかう砲弾や銃弾の下を逃げまどいながら、仕事を続けました。従軍した15歳から19歳の生徒505人のうち、3分の1以上の生徒が戦闘に巻きこまれて、犠牲となりました。

　敵が上陸して激しい地上戦がくり広げられた沖縄の戦争体験は、日本のほかの地域の体験とは大きくちがっています。被害の中身や人びとが受けた苦しみは、はかり知れないものでした。

子どもも戦争に参加させられたの？

沖縄戦では、未成年の少年少女の多くが動員されました。十分な訓練や教えも受けないまま前線に送られ、ひたすら日本の勝利を信じて命がけで戦い、働いたのです。

沖縄師範学校女子部と沖縄県立第一高等女学校の教師と生徒で結成された「ひめゆり学徒隊」は、野戦病院で看護活動にあたり、寝る間もほとんどないまま、昼も夜も働き続けました。

各地に残っています。沖縄のことを、いろいろな方法で調べてみよう。

●家族から遠く離れて

日本本土への空襲（爆撃機を使った空からの攻撃）のおそれが強まってきた1943年末からは、都市部に暮らす子どもたちの疎開が始まりました。疎開とは、空襲の被害をさけるために、次の世代の戦力となる子どもたちを農村部へ避難させるという政策のことです。

当初は、それぞれの家庭が親せきなどをたよって避難させる縁故疎開だけでしたが、1944年8月からは学校ごとに集団で避難する学童疎開が始まりました。国民学校初等科（今の小学校）の3年生から6年生の児童が、家族から遠く離れた土地で共同生活を送ったのです。

空襲が激しさを増した1945年3月からは、1、2年生もふくむ児童全員が疎開の対象になりました。こうして終戦までに疎開させられた子どもの数は、45万人にも達しました。

●つらい思い出

疎開した子どもたちは、寺などに寝とまりして集団生活を送りました。疎開先の学校に転入しましたが、使う方言もちがい、そのころ都市と農村では服装をはじめとし

日本の子どもたちも、家族と離ればなれになってつらい思いをしました。もし、あなたが突然、ちがう家で家族でな

て習慣も大きくちがっていたせいで、地域の子どもたちとうまくなじめなかったり、けんかやいじめが起きたりもしました。終戦近くになると、食糧も不足して、ひもじい思いを強いられました。そのころの学校は、まるで小さな軍隊のような場所でした。厳しい規則や体罰や上下関係のなかで、子どもたちは、空腹と家族と離れたさみしさをかかえて過ごしたのでした。また、疎開先へ移動する途中に敵の攻撃にあい、多くの子どもが犠牲になるというひさんな事件も起こりました。

　敗戦の３年後、1948年に国が行った調査では、家族を戦争で亡くした戦災孤児の数は、全国で12万3511人にのぼりました。疎開で家族と離れたまま、孤児になってしまった子どもも少なくなかったのです。

もっと知りたい！
疎開先へ向かう途中で起こった事件って？

　1944年7月にサイパン島の日本人兵士と住民が全滅して、「次に攻撃されるのはいよいよ沖縄だ」という危機感が高まりました。政府は沖縄の子どもや女性たちを島の外へ疎開させる指示を出しました。
　8月21日、輸送船「対馬丸」は、疎開児童や、一般人疎開者など、あわせて1788名を乗せて那覇港を出港し、長崎港へと向かいました。途中、22日に鹿児島県の悪石島の近海で、アメリカ軍の潜水艦が放った魚雷を受けて沈没。児童775名をふくむ1418名もの人が犠牲となりました。この事件は犠牲者の親にもくわしいことは知らされませんでした。当時、国は真実を知らせないため、敗北の事実を報道することや口に出すことを禁止していたからです。

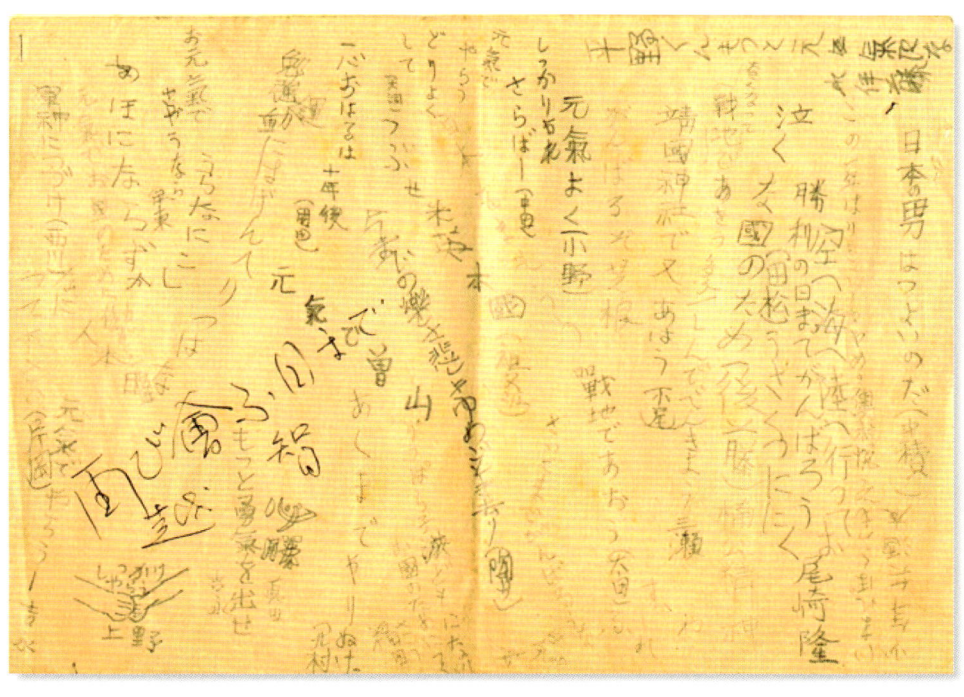

◀1944年の夏、疎開前の送別会で書かれた寄せ書き。「戦地で会おう」「日本の男はつよいのだ」といったメッセージが書かれています。寄せ書きのメッセージから、当時の子どもたちがどのような思いで戦火の中を過ごしていたのかを読み取ることができます。このメッセージを書いた子どもたちは、そのあとどうなったでしょうか。生きぬくことはできたでしょうか。（写真提供：奈良県立図書情報館）

ひとりで・みんなで

考えてみよう

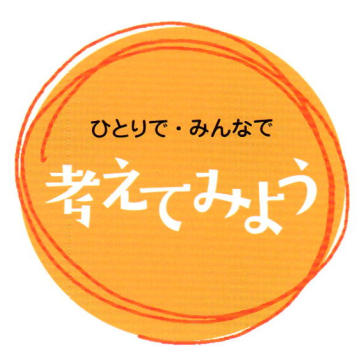

流行歌を通して戦争を感じとろう

歌には、人の心にうったえる力や人の心をつかむ力があります。
また歌は、その時代の雰囲気や動きをよく表しています。
戦争中に流行った歌を通して、そのころの人たちを
おおっていた空気を感じとってみましょう。

流行歌を調べてみよう

戦争中は、戦争のことを歌った「軍歌」という種類の歌がたくさんつくられました。軍歌の歌詞は、愛国心を植えつけたり、戦争への意欲を高めるような内容でした。多くの流行歌が生まれて、人びとの間で口ずさまれました。当時の人たちは、どんな気持ちで歌っていたのでしょう。

守るも攻むるも黒鉄の
浮かべる城ぞ頼みなる
浮かべるその城　日の本の
皇国の四方を守るべし
真鉄のその艦　日の本に
仇なす国を攻めよかし

日本を守るのも よその国を攻めるのも 鉄でできた
海に浮かぶ城のような軍艦だ
海に浮かぶ城のような軍艦は
天皇がおさめる日本を 敵の攻撃から守っている
鉄でできたその軍艦は
日本を攻める敵をほろぼすものである

この歌は『軍艦マーチ』という名前で親しまれた歌で、今でもまちなかでよく流れています。みなさんも、どこかで聞いたことがあるはずです。どんな曲なのか、おとなの人にたずねてみましょう。

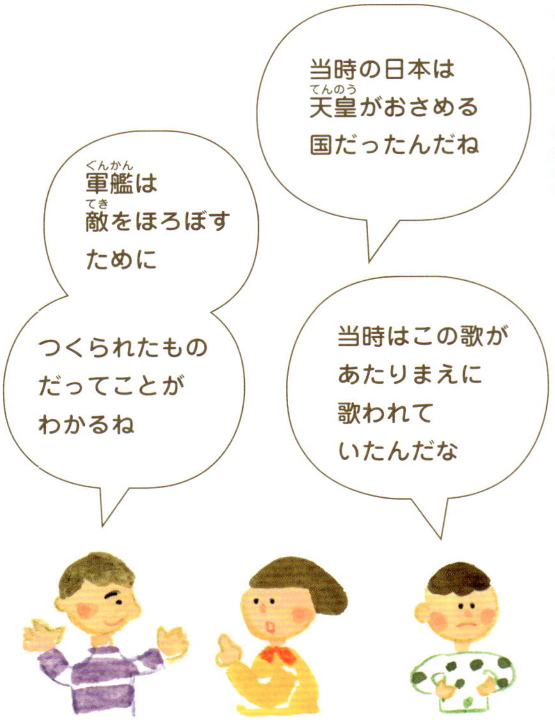
軍艦は
敵をほろぼす
ために
つくられたもの
だってことが
わかるね
当時の日本は
天皇がおさめる
国だったんだね
当時はこの歌が
あたりまえに
歌われて
いたんだな

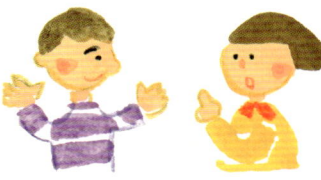

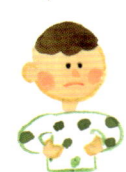

歌詞のちがいをくらべてみよう

1944年に『お山の杉の子』（作詞：吉田テフ子、補作：サトウハチロー（戦後改作）、作曲：佐々木すぐる）という子ども向けの歌がつくられて、国じゅうで大流行しました。終戦のあとは、ところどころ歌詞が書きかえられて、再び人気を呼びました。

歌詞が書きかえられたのは、戦争のときと戦争が終わったあとでは、世の中のしくみが変わったためです。ふたつの歌詞を比べて、どう思いますか。「もとの歌詞はここがいやだな」「どうしてこう言いかえるんだろう」と、気づくところはありませんか。

もとの歌詞の一部

体を鍛え　頑張って
今に　立派な兵隊さん
忠義孝行　ひとすじに
お日さま出る国　神の国
この日本を護りましょう

体をきたえてがんばって
立派な兵隊さんになり、
天皇陛下に真心をもって尽くし、
太陽が生まれる国であり、神の国でもある
この日本を守りましょう

終戦後の歌詞の一部

スポーツ忘れず　頑張って
すべてに立派な人となり
正しい生活　ひとすじに
明るい楽しい　このお国
わが日本を作りましょう

スポーツを忘れずがんばって
そのほかのことでも成果を出せるような
立派な人となり、
正しい生活を心がけ、
明るくて楽しいこの国、
日本をつくりましょう

もとの歌詞では、日本は「神の国」となっているよ

当時の人びとにとって日本は神の国だったのかな

恋とか旅行とか楽しい歌詞がほとんどないね

戦争中の人びとにとっては、立派な兵隊さんになるのがあこがれだったのかな

今でも、当時の流行歌を歌える人が大勢います。親せきや近所の人に、どんな歌があったのかを聞いて、もし覚えている歌があったら、歌ってみてもらいましょう。そして当時、どんな気持ちで歌っていたのかをたずねてみましょう。

焼け野原になってしまった日本

全国各地の都市をおそった大空襲、沖縄戦、広島、長崎へ落とされた原爆。アメリカ軍による攻撃は、日本中を焼け野原に変え、人びとの生活を壊していきました。戦火の中を生きるとは、どのようなことなのでしょうか。

●空から降りそそぐ火

1944年の末ごろから、本土への空襲がたび重なるようになりました。アメリカ軍の爆撃機が、しばしば日本の上空に飛来して攻撃を行ったのです。

空襲に使われた、中にゼリー状の油がつまっている「焼夷弾」という種類の爆弾は、まちを焼きつくす勢いの火事を起こして、日本中を焼け野原に変えました。

家庭では、庭や道路のわきに「防空壕」という避難用のあなをほったり、火事のときに使う防火用水を用意して空襲に備えました。寝るときも、すぐに避難できるように服を着たままふとんに入り、空襲のサイレンとともに飛び起きて、大切な食料を持って防空壕に避難しました。

人びとはサイレンが鳴るたびに空襲におびえ、逃げまどいながら毎日を過ごしていたのでした。

『はだしのゲン』や『火垂るの墓』、『白旗の少女』などは、戦時中や空襲の体験をテーマにした作品です。本や

焼け野原になってしまった日本

日本の降伏を早めるために……
空襲には、日本国民の戦意を失わせて、早く降伏させるねらいがあったといわれています。「武器をつくる軍需工場はもちろん、工場のあるまちそのものを破壊するのが効果的だ」という考えのもと、一般市民へも無差別に爆撃が行われました。

● **火の海と化した東京**

1945年3月10日の午前0時8分、東京上空に300機をこえるアメリカ軍の戦闘機が飛来して、激しい爆撃を開始しました。まるで雨を降らすように大量の焼夷弾が降りそそぎ、じきにまちは火の海と化しました。夜が明けた東京は、あちこちに黒こげの死体が転がり、川は火から逃れようとして飛びこんだ人の死体で水面が見えないほどでした。この東京大空襲では、ひと晩で10万人もの人が犠牲になったといわれています。敗戦までに東京が受けた空襲は、合わせて100回以上にのぼりました。

その後も空襲は、8月15日の終戦の日の朝まで全国で続きました。最後の標的となったのは、大きな製油所のあった秋田県秋田市の土崎港周辺でした。空襲を受けた都市の数は200か所以上を数え、30万人もの人が犠牲になったといわれています。

アニメを通して、その時代の人びとの気持ちを考えてみよう。

沖縄戦の悲劇

　1945年3月26日、沖縄本島西部の慶良間諸島に、続く4月1日、本島中西部の海岸に、とうとうアメリカ軍が上陸しました。そして圧倒的な戦力で島の北へ、南へと、猛烈な攻撃を展開していきました。

　アメリカ軍にとって沖縄は、日本の本土への上陸作戦に必要な場所でした。沖縄を武器や燃料、食料の補給基地として使って、本土上陸への足がかりにしようと考えたのです。一方、本土決戦を一日でも先にのばしたかった日本は、アメリカ軍の進攻を沖縄だけにとどめるために、残ったすべての戦力を注ぎこんで死闘をくり広げました。海からは軍艦が放つ砲弾が、空からは爆撃機が落とす爆弾が降りそそぎ、まちも畑も焼きつくされて、破壊しつくされました。あまりの攻撃の激しさに、地形も変わるほどだったといわれています。

　日本軍は、みるみるうちに本島の南へと追いつめられました。多くの住民が戦闘に巻きこまれて命を落としました。日本軍による住民の虐殺も起こりました。住民のちょっとした行動を敵のスパイだと疑ったり、敵から逃げるのに足手まといだと考えたりしたからです。追いつめられた住民が自ら死を選んだ集団自決の悲劇も各地で起こりました。軍隊は国民を守ってくれ

▲沖縄戦などで亡くなった人びとの名前がきざまれている戦争記念碑・平和の礎。

▲平和の礎の除幕式では、アメリカ、韓国、台湾、沖縄県の代表児童4人が、平和への誓いを表す「平和の火」を点火しました。（写真提供：沖縄県）

平和の礎への刻銘は、今も受けつけられています。その数は、2012年6月の時点で24万1167人にのぼります。

考えるヒント　「平和の礎」が建設されたのは、1995年6月23日、太平洋戦争・沖縄戦が終結してから50年後のことです。

ませんでした。

　1945年6月23日、本島南部の糸満市摩文仁で軍の最高指揮官が自決して、沖縄戦は終わりました。3か月続いた戦いの死者は、敵味方を合わせて20万人にのぼりました。そのうちの半数近くが一般の住民でした。沖縄出身の兵士の戦死者もふくめれば、沖縄県民の4人にひとりが、この戦いの犠牲になったのでした。

● 「平和の礎」にこめた願い

　沖縄戦が終わって50年目の1995年、最後の激戦地だった糸満市の摩文仁の丘に「平和の礎」が建てられました。沖縄戦などで命を落としたすべての人の名前をきざむ記念碑です。出身地も国籍も、敵か味方かも、兵士か民間人かも、いっさい問いません。このような戦争記念碑は世界でもめずらしいものです。そこには「人類がひさんな戦争を二度とくり返さないよう、人種や国家や宗教などのすべてをこえた世界平和の中心になっていきたい」という沖縄の人びとの強い願いがこめられています。

　日本が起こした戦争によって、日本は多くの国でたくさんの人の命をうばいました。その一人ひとりが名前を持つかけがえのない人でした。うばったものの重さを私たちは決して忘れてはなりません。

焼け野原になってしまった日本

> もっと知りたい！
>
> ### 摩文仁の丘の沖縄戦跡
>
> 「平和の礎」は摩文仁の丘の上に広がる沖縄県営平和祈念公園に建っています。公園には、ほかにも沖縄戦についての展示資料を見ることのできる沖縄県平和祈念資料館や、沖縄平和祈念像を中に安置した沖縄平和祈念堂があります。また近くには「ひめゆり学徒隊」（29ページ参照）が働いたどうくつがあり、そばにひめゆり平和祈念資料館と慰霊碑の「ひめゆりの塔」が建っています。沖縄本島の南部には、沖縄戦のあと（戦跡）がたくさんあります。

「平和の礎」や「ひめゆりの塔」などの写真を見て、当時のことを想像してみよう。

原爆が落とされた日

　日本の敗北がすでに色こくなっていた1945年8月、アメリカ軍は広島市と長崎市に、相次いで原子爆弾（原爆）を投下しました。8月6日に広島市の、8月9日に長崎市の上空で爆発した、たった1発ずつの爆弾は、ふたつのまちにすさまじい被害をもたらしました。広島でおよそ14万人、長崎でおよそ7万4000人の人が、この原爆で亡くなったといわれています。

　原爆のおそろしさは、爆弾としての威力だけではありませんでした。爆発で大量に放たれた強い放射線は、少しずつ人びとの体をむしばんで、何年も経ってから白血病やガンなどの病気を引き起こしました。また、土地にまき散らされた灰は、その後も広い範囲で一定期間、有害な放射線を出し続けました。人びとは長い間、健康上の不安をかかえて過ごさなければならなかったのです。「近づくと放射能がうつる」「放射能の害は遺伝する」という、科学的に根拠のない考えによる差別や偏見にも、被爆者たちは苦しめられました。

▲焼け野原になった広島市内のようす。原爆による爆風と熱線は、建物を一瞬でふき飛ばし、人間の体には大やけどを負わせました。（写真提供：広島平和記念資料館／撮影：米軍）

　日本は人類史上はじめて、戦争に原爆が使用された国です。ふたつの爆弾は、20万人以上の命をうばい、戦後70年近く経った今でも被爆者を後遺症で苦しめています。それなのに、核兵器の使用は禁止されるどころか、太平洋戦争後、核を保有する国は増えています。

38　広島では8月6日に平和記念式典、長崎では8月9日に平和祈念式典が行われています。式典では、「平和への誓い」

焼け野原になってしまった日本

●原爆が使われたわけ

　第二次世界大戦中、列強の国ぐにには原爆の研究開発に乗り出していました。ドイツ、アメリカ、ソ連、そして日本もです。アメリカは1942年に「マンハッタン計画」と名づけた開発計画をイギリス、カナダと共に始め、3年後に世界初の原爆を完成させました。

　そのころ日本は勝ち目のない戦況のなかで、それでもなお攻撃を続けていました。日本に原爆を使おうと決めたアメリカ側の言い分はこうでした。

　「このまま戦争が長引けば日本の本土決戦はさけられない。そうなればアメリカ軍にも、たくさんの死者が出るだろう。これ以上、犠牲を出さないためにも、原爆を使って早く戦争を終わらせなければならない」。

　そのために、今でもアメリカには、「原爆のおかげで戦争が終わった」「原爆がたくさんの人の命を救った」と考える人が多くいます。

◀長崎に落とされた原爆によって生じたキノコ雲。キノコ雲からは放射能を帯びた黒い雨が降り、人びとを苦しめました。
（写真提供：長崎原爆資料館／撮影：米軍）

もっと知りたい！

どのような人たちを被爆者というの？

　核爆弾の被害を受けた生存者を被爆者と呼んでいます。広島と長崎で原爆の被害を受けた多くの被爆者は、原爆のおそろしさや残酷さ、被爆の苦しみを、人びとに語り伝える活動を続けています。被爆した方がたは、二度と同じ苦しみを味わわせてはならない、という願いをこめて活動してきました。

　それぞれの爆心地は公園になっていて、原爆の惨状を伝える資料館が建っています。広島では広島平和記念公園に広島平和記念資料館や原爆ドームが、長崎では平和公園に長崎原爆資料館があります。

が読み上げられます。どんな内容なのか、調べて読んでみよう。

長かった戦争の終わり

広島、長崎への原爆投下は、いまだかつてないほど悲惨な被害をもたらしました。降伏を先のばしにしていた日本政府も、ようやく敗北を受け入れることを決め、長く続いた戦争は終わりました。

●おそかった降伏

原爆が落とされる少し前に、日本が敗北を受け入れる最後の機会がありました。1945年7月26日にアメリカ、イギリス、中国、ソ連が「ポツダム宣言」と呼ばれる共同声明を発表して、日本に降伏（戦いの負けを認めて相手に従うこと）をせまったときです。

国では、これを受け入れるかどうかの激しい議論が起こりました。なぜならポツダム宣言は日本の「無条件降伏」を求めていたからです。日本からは条件をつけられず、勝った側にすべてをゆだねるということは、今ある政権を倒して、まったく新しい国につくり変えるという意味です。

宣言の中に天皇についての記述がなかったことも反発を招きました。「降伏したとしても、天皇が権力の中心にある国の形を維持したい」と考える声が強かったのです。また、戦争を起こした責任を追及されたくない、という考えもありました。日本政府はポツダム宣言を受け入れず、改めて徹底的に戦いぬくことを宣言したのでした。

1931年の満州事変から15年にわたり続いた戦争は、ようやく終戦をむかえました。人びとはどのような願いを持って、戦後、再出発していったのでしょうか。

昔の日本の国民は「天皇は人間でありながら同時に神である」と教えられてきました。ラジオ放送ではじめて聞いた

長かった戦争の終わり

●敗北を受け入れる

　最後の機会を逃した日本は、8月6日、9日に原爆が相次いで落とされ、同じく9日には、ソ連が満州や朝鮮半島などの日本の支配地に、突然進攻を始めました。これらの現実を前に、ようやく日本はポツダム宣言を受け入れて降伏することを決めました。8月15日に昭和天皇がラジオ放送を通して国民に降伏を伝えて、1931年の満州事変から1945年まで、15年にわたって続けられた戦争がようやく終わったのです。

　9月2日、日本の政府代表がポツダム宣言を受け入れる文書に署名して、正式に日本の降伏が決まりました。日本が植民地にしたり占領したりしていたアジアの国ぐに、太平洋の島じまは、日本の支配から解放されました。日本は、おもにアメリカの指示と命令のもとで、戦後の復興と新しい国づくりに向かうことになりました。

　もし、もっと早く降伏してくれていたら、原爆の被害は起こりませんでした。もっと早ければ、沖縄戦も、各地で起きた大空襲もさけられたかもしれません。戦争責任には、日本が被害を与えた外国の人びとに対するものだけではなく、日本の国民に対するものもあるのです。なぜ戦争を始めたのか。なぜむぼうな作戦を重ねたのか。なぜ終わらせられなかったのか……。歴史は変えることができないからこそ、再びあやまちをくり返さないために、過去の責任をしっかりと見つめなければなりません。

> **もっと知りたい！**
>
> ### 戦後の日本は、アメリカに占領された
>
> 　戦争に勝ったアメリカを主力とする連合国軍は、ポツダム宣言に基づいた占領政策を実施するための機関を日本に置きました。それが「連合国軍最高司令官総司令部」です。日本では、「進駐軍」という通称や、総司令部の英語の頭字語を取った「ＧＨＱ」の名称で呼ばれました。
>
> 　東京に本部が置かれ、初代の最高司令官はアメリカ軍人のダグラス・マッカーサー元帥が務めました。職員の多くはアメリカの軍人と民間人でした。ＧＨＱが指令を出してそれを日本政府が実施するという、間接的な占領政策がとられました。

天皇の肉声は、どのように聞こえたのかな。

●平和な国への誓い

　ポツダム宣言は、日本に次のことを求めました。日本軍が無条件で降伏すること。日本を世界征服へと導いた勢力を取りのぞいて、平和を求める政府を持つこと。民主主義を目指すこと。国民の自由な意思で国の政治のあり方を決めること。基本的人権を尊重し、言論や思想の自由を認めることなどです。日本は、これらの約束に沿って新しい国づくりを進めていきました（50〜55ページ参照）。

　1947年5月3日には、これらの約束を反映してつくられた新しい憲法（48ページ参照）が施行されました。約7年のGHQの占領が終わり、1952年4月28日に効力が発生したサンフランシスコ平和条約のもと、日本は独立した国として平和主義（54ページ参照）をかかげて歩み出したのでした。

▲GHQの指示により、学校では教科書の墨塗りが行われました。戦争をたたえるような内容の部分は、墨で塗りつぶしたり、切り取ったりするように指導されたのです。（写真提供：朝日新聞社）

サンフランシスコ平和条約は、アメリカを中心とした連合国側と結んだ条約です。当時、アメリカと対立していたソ

長かった戦争の終わり

●平和の実現のために

　1945年8月15日に日本の敗戦が告げられたとき、それを、ほっとした思いで聞いた国民は少なくありませんでした。国民の多くは、戦争に疲れ果てていました。爆撃におびえる日々が終わることを、ありがたく受けとめたのでした。

　終戦後、学校では、「二度と教え子を戦場に送らない」と決意した先生たちがいました。かつて「戦争の国にふさわしい人間」になることを教えこんだ多くの教え子たちが、戦争に行ったまま帰ってきませんでした。先生たちは、そのことを深くくやんだのです。日本各地に、戦争のことを語りついでいる人がいます。日本各地に平和資料館や戦災資料館などの、戦争の記憶を伝えるための施設があり、そのような場所で体験談を聞く会なども開かれています。あなたもぜひ、語りついでいくバトンを受け取る人になってください。

　広島にある原爆死没者慰霊碑には「安らかに眠って下さい　過ちは繰返しませぬから」と、きざまれています。広島市はその意味を「すべての人びとが戦争というあやまちを再びくり返さないことを誓う」ものだと説明しています。私たち全員が、平和の誓いを未来へ手わたしていく役目をになっています。

▲慰霊碑の向こうに見えるのは、世界遺産の原爆ドーム。同じような悲劇が再び起こらないようにという願いをこめ、「負の世界遺産」ともいわれています。

もっと知りたい！
サンフランシスコ平和条約ってなんだろう？

　1951年9月8日にアメリカなどの連合国側の国ぐにと日本との間に結ばれた条約のことです。この条約によって、連合国側と日本との間の戦争状態が正式に終了しました。これにより日本における占領政策も終了して、日本は国民が主権者の独立国家として再出発することになりました。また、敗戦前まで日本が持っていた植民地や占領地の権利を正式に放棄することも確認されました。ただ、ソ連や中国など、戦後に日本が平和な関係を築かなければならなかった近隣の国ぐにとは条約を結べず、中途半端な戦争の決着になりました。

連、中国などの近隣の国ぐにとは条約を結びませんでした。それでよかったのかな。

ひとりで・みんなで 考えてみよう

日本は戦争でどんな被害を与えたんだろう

日本が起こした戦争で、たくさんの人が犠牲になりました。
戦争の被害は、戦闘で兵士が死んだり傷ついたりするだけではありません。
日本はこの戦争で、いったいどんなことを起こし、
どんな被害をもたらしたのでしょう。

日本はアジアの国ぐにや太平洋の島じまに戦場を広げました。そこで暮らしていたたくさんの人たちが戦火に追われ、平和な生活を破壊されて命をうばわれました。また、日本の軍隊は、敵軍の捕虜や現地の住民にひどいあつかいをして苦しめました。

ここで紹介するほかにも、日本が戦場にした場所はたくさんあります。どんな場所があったのか、そこではどんなことが起きたのかを本などで調べてみましょう。そして被害にあった人たちがどんな気持ちだったかを考えてみましょう。

日本軍の爆撃で破壊される中国・重慶のまち

> 自分が起こした戦争じゃないのに、ひどい目にあわされたんだね

（写真提供：毎日新聞社）

◀日本軍の激しい爆撃で炎上する重慶のまち。（1939年）

1937年の南京事件（12ページ参照）のあと、中国は首都を南京から内陸の重慶へ移しました。日本軍はそこでも徹底的な爆撃を行って、重慶のまちを破壊しつくしました。首都をこのように破壊した例は、ほかにもフィリピンのマニラなどがあります。

(写真提供：毎日新聞社)

泰緬鉄道の建設現場での過酷な労働

日本軍は戦争に必要な物資を運ぶために、タイとビルマ（現在のミャンマー）の間に「泰緬鉄道」と呼ばれる鉄道を建設しました。建設には、連合軍の捕虜や現地の住民が多数かり出されました。労働はとてもきつく、たくさんの人が事故や栄養失調、病気で命を落としました。亡くなった人の数は5万人ほどともいわれています。

▲泰緬鉄道の建設現場で働く現地の住民たちのようす。（ビルマで撮影。1943年）

フィリピン・バターン半島の「死の行進」

1942年に日本軍はフィリピンのバターン半島を占領しました。捕虜にしたアメリカ軍とフィリピン軍の兵士を収容所へ移すため、炎天下、60キロメートルの道を3日間歩かせ、数千人ともいわれる死者を出しました。のちに「死の行進」と呼ばれたこの事件以外にも日本軍が捕虜を虐待した例は多く、強い批判を受けました。

「どんなにたいへんな重労働だっただろう」

「戦争は戦いで死ぬだけじゃないんだね」

▶「死の行進」で歩かされたアメリカ軍捕虜のようす。（1942年）

(写真提供：米軍)

戦争は破壊と犠牲しかもたらさない

これは、大空襲で火の海と化した東京のようすをえがいた体験画です。この絵をかいた作者は、当時8歳でした。日本でもたくさんのまちが空襲で焼かれ、多くの人が命を落としました。戦争は、攻められた側にも、攻めた側にも、取り返しのつかない犠牲を出すのです。

(写真提供：すみだ郷土文化資料館)

「空襲の火から逃げまどいながら、人びとは何を思ったのだろう」

語りつぐ戦争と平和

千春先生からのメッセージ

From: 千春先生
To: みなさんへ
Subject: 「語りつぐ戦争と平和」について

「終戦の日」は1945年8月15日。そのときの赤ちゃんも、2015年で70歳。戦場で戦った人や、息子を戦争に送り出した人は、もう80代や90代の方がたです。亡くなる方がたも増え、戦争を経験した人びとのお話をうかがうことは、難しくなっています。

さて、この章では、日本の戦争の歴史を学びました。国民は貧しさをがまんし、アメリカの空襲や原爆投下で、多くの人びとが命を落としました。戦闘がくり広げられた沖縄は、大変な被害を受けました。戦いの末、日本は負けて連合国軍に占領され、平和と民主主義を守る政府をつくりました。そういう内容でしたね。

実は、平和をつくる力のひとつが、「戦争はいやだ」という人びとの思いです。逆さまな論理ですが、歴史の中では戦争が平和をつくってきました。第一次世界大戦後に平和を守る国際連盟が、第二次世界大戦後には国際連合がつくられた。日本でも、「二度と戦争はいやだ」という国民の強い気持ちが平和を支えました。でも、戦後に生まれた子どもたちは、戦争を知らない。そこで、おとなは、学校の授業、本やアニメ、平和記念館や慰霊碑などを通して、若い人びとに戦争の体験をくり返し伝えてきました。

おかげで、平和はずっと守られ、日本は豊かな国になりました。しかしその裏返しに、戦争のつらさを語る声はか細くなり、「戦争は正しかった」「昔の日本は偉大だった」という声が目立つようになっています。ただし、となりの国ぐには事情がちがいます。かつて日本軍が攻めこみ占領した。人びとが殺され、女の人や子どもも暴力をふるわれた。独立したアジアの国ぐには、そういう歴史を子どもたちに伝えてきました。

今、戦争の歴史をどう語るのか、子どもに何を教えるのかが、日本でもアジアでも大きな問題になっています。戦争で亡くなった方がたは、私たちに何を望むでしょうか。復讐のために殺し合うことでしょうか。それとも、おたがいに仲良く平和に暮らすことでしょうか。心静かに歴史の声に耳をかたむけ、みんなで平和をつくる力を伝授してもらいましょう。

2章
戦後の社会と平和

一面の焼け野原から力強く立ち上がって、日本は有数の経済先進国に成長しました。けれど経済的な豊かさの追求は、地球の環境を破壊してしまいました。世界を見わたせば、今も核兵器はなくならず、各地で戦争も続いています。

憲法前文を読んでみてください。そこには憲法の精神が書かれています。あの時代を生きていた人たちが、あふれるほどの希望を胸に「私たちは、平和な国にします」と誓った強い思いが伝わってきます。誓いを受けつぐ私たちが世界の平和のためにできることは、たくさんあるはずです。

- 1947 日本国憲法施行
- 1950 朝鮮戦争
- 高度経済成長期に入る 1954 自衛隊発足
- 「非核三原則」を表明 1967
- 平成元年 1989
- アフガニスタン戦争 2001
- イラク戦争 2003
- 2005 京都議定書発効

戦争が終わって日本は平和の国になった！

戦前の日本は、軍隊が中心となって社会をつくっていく軍国主義の国でした。それが、敗戦後には民主主義の国へと生まれ変わり、だれもが自由で平等に生きることができる、平和の国になったのです。

●平和な国になる約束

敗戦のあと、日本はポツダム宣言を通して、戦争をしない国になると決めました。そして新しくつくった憲法のもとで、平和な国づくりを進めていきました。そこには、国民に対して国が「こんな国にします」と約束したことが書かれています。

新しい日本国憲法が約束する三つの柱は、「国民主権」と「基本的人権の尊重」、そして二度と戦争をしないことを誓う「平和主義」です。いずれも大日本帝国の憲法にはなかったものでした。これまでとは大きくちがう新しい憲法は、多くの人が関わって生み出されました。

▲1945年9月2日、東京湾に停泊したアメリカの戦艦「ミズーリ」上で、降伏文書の調印式が行われました。降伏文書には「国民の意志を尊重し、平和的で責任のある政府を樹立する」ことなどが記されました。（写真提供：毎日新聞社）

戦前の大日本帝国憲法では、国を治める権限は天皇にあり（天皇主権）、国民は天皇に支配される立場（臣民）でした。また、国民を強制的に兵士にさせる制度（徴兵制）も定められていました。

臣民／天皇主権／徴兵制

国民主権／基本的人権の尊重／平和主義

? 考えるヒント 1946年4月の選挙では、選挙権を得た女性がたくさん投票に行きました。それまで選挙に参加できなかった女性た

戦争が終わって日本は平和の国になった！

●新しい憲法の成り立ち

　政府は1945年10月に憲法について考える委員会を設置して、新しい憲法案をまとめ始めました。一方、民間の人たちや各政党の間でも、憲法案をつくろうという動きがわき起こっていました。そのうち、学者たちが立ち上げた憲法研究会という団体が12月に発表した憲法案には、国民主権や人権などの規定が盛りこまれていました。

　政府は、まとめた憲法案を1946年2月にＧＨＱ（41ページ参照）に提出しました。しかし大日本帝国憲法とあまり変わらない内容だとして拒否されてしまいました。そのときＧＨＱもまた、憲法研究会の案を参考にしたとされる憲法案を用意していました。そして政府は、このＧＨＱの示した憲法案をもとに、内容をねり直していくことになりました。つまり、日本の人びとが知恵をしぼった案が、今の憲法に生かされているのです。

　1946年4月に、女性が選挙権を得た、はじめての総選挙が実施されました。民主的な選挙のもとで成立した国会で、政府がねり直した案をよりよくするための議論を重ね、10月に最終的な憲法案が国会で可決されました。こうしてできた日本国憲法は11月3日に公布され、1947年5月3日に施行されたのでした。

▲▶日本国憲法の内容をわかりやすくまとめた小冊子で、日本全国の家庭に配布されました。そこには、「私たちは、戦争のない、ほんとうに平和な世界をつくりたい」という願いがはっきりと書かれています。（写真：国立国会図書館デジタル化資料より）

もっと知りたい！
憲法を支える三権分立

　国の主権者が国を統治する（まとめて、治めること）のに持つ権力は、立法権、行政権、司法権の3つで成り立っています。そして、それぞれをになう機関が、国会（立法機関）、内閣（行政機関）、裁判所（司法機関）です。権力が一か所に集中して暴走するのを防ぐために、こうして権力を3つの機関に分散するしくみを三権分立といいます。3つの機関の間には上下関係はなく、それぞれの機関が決定することには、おたがいに口をはさめないしくみが設けられています。

ちは、投票できることがうれしかったんだね。もし、学級会にあなただけ参加できなかったらどう思うかな。

●「国民主権」とは

　主権とは、国の政治のあり方を決める力のことです。国民が主権の持ち主であること、つまり、国民が自分たち自身の国の政治のあり方を決めて動かしていく正当な力を持つことを、国民主権といいます。

　大日本帝国の時代は、国の主権は天皇にあって、国民の声は政治に届きませんでした。それどころか、政治家や、経済界や軍隊の中で力を持つ人たちが、自分の考えや利益のために政治を一方的に動かすことが可能でした。権力がそのような人たちに集中して強大になることで、国はむぼうな戦争へとつき進んでしまいました。そんな過去の反省のうえに立って、日本国憲法は、国民主権を約束したのでした。

●みんなが国の主人公

　国民主権では、だれもが国づくりの主人公です。そして、そのことを実現するためのしくみが民主主義です。性別、職業などにかかわらず、また、健康な人も病気や障害のある人も、お金持ちの人もそうでない人も、すべての人が国の政治に参加できるように工夫されたしくみです。

　おとなのだれもが参加できる選挙を通して国民の代表である議員を選ぶことや、だれもが政策について意見を出したり、集ま

国民主権の役割

国民は、だれでも自由に自分の考えを述べることができるよ。

私たちは、だれもが差別をされることなく、平等にあつかわれる社会に生きているんだよ。

「国民主権」は、みんなが自由に自分の考えを言えるということです。でも、もしもクラスで、あなたが自分だけに

戦争が終わって日本は平和の国になった！

りなどを開いたりする権利があること、だれもが政府の方針を批判したり、デモを行う権利を持つことなど、民主主義にはさまざまな工夫がこらされています。あなたが、「子どものことを考えて、国はもっとこんなことをしてほしい」と、周りのおとなに伝えることだって、りっぱな政治参加です。

民主主義がうまくいくためには、だれもが自分の考えを持つ自由や、それを社会に向かって表現する自由、政府を批判する自由が守られなければなりません。憲法は、それぞれ「思想および良心の自由」「言論の自由」「政治活動の自由」という名前で、これらを守ることを約束しています。

実は大日本帝国時代にも、民主主義を求めた人たちがいました。例えば明治時代に自由民権運動を起こした人たちです。人びとの願いと努力が実を結んで、ついに日本人は民主主義を手に入れました。

とはいえ、民主主義も決して完璧ではありません。なぜなら、それぞれにちがう全員の意見をすべてくみ取るのは不可能だからです。けれど、みんなが意見や要望を出し合って、自分たちで決めることは可能です。民主主義とは、そうやってよりよい国のあり方をみんなで求め続け、つくり続ける道のりそのもののことです。

> 力を持つ人がものごとを決定するのではなく、みんなで話し合って決めることができるよ。

> 話し合いで決定したことは、みんなで大切に守るよ

都合のいいことを言ったら、ほかの子は困るかもしれない。どんなことに気をつけたらいいかな。

「基本的人権の尊重」とは

　人はだれもが、大切な命をひとつ持っています。どんな人にも、命を守られて、平和に、人間らしく生きる権利や、その人らしく生きる権利があります。あなたもそうです。生まれながらにして、だれもが、いつでも、どこでも持つ権利、それが人権です。日本国憲法は、国民はもちろん、全世界の人がこの大切な基本的人権を持つことを、最初に前文で確認しています。

　基本的人権の中心にあるのは、「人は自由で平等だ」という考えです。日本国憲法が約束する基本的人権の尊重にも、自由と平等という考えがつらぬかれています。国は憲法で、国民のさまざまな自由を守ることを約束しています（51ページ参照）。また、健康で文化的な生活を送る権利や教育を受ける権利を、国民はだれもが平等に持っていて、その権利を国が守ることを約束しています。

　憲法が約束した健康で文化的な生活のために、戦後の日本では、福祉制度が整えられていきました。福祉制度とは、たとえ健康やお金の面などでめぐまれなくても、だれもが人間らしく安心して生きることができるように、社会全体で助け合うしくみです。みんなが安心して暮らせることは、社会の平和につながります。

国民の権利

- 言論や集会の自由
- 健康で文化的な生活を営む権利
- 個人の尊重と法の下の平等
- 働く権利
- 裁判を受ける権利
- 教育を受ける権利
- 政治に参加する権利

国民の権利はどんどん増えていくよ

「生活保護」って聞いたことある？　だれでも病気や失業をしたら生活に困りますが、そんなとき、みんなで支えて

●たがいに尊重し合う人権

　戦前の日本では、国民の人権を守ることが国家の目的にはなっていませんでした。また女性には参政権がなく、職業や財産を持ったり、教育を受けたりする権利も十分に認められていませんでした。

　弱い立場の人の命や生き方、意見が尊重されない社会では、国の政治は、強い立場の人の利益や考えだけを優先して動いていきかねません。

　今、あなたは人権を持っています。そして、あなたのその権利には3つの責任がともなっています。あなた自身の人権を守る責任。ほかの人の人権を尊重する責任。みんなの人権がきちんと守られるように政治のあり方を見つめ、意見を届けていく責任です。だれにとっても、何よりも大切な人権を、たがいに尊重し合いながら、守り続けていきましょう。

　あなたの人権が守られないとき、ふみにじられたときは、あなたは「やめて」という権利があります。人権がおかされて被害を受けることを人権侵害（②81ページ参照）といいます。これはとても大切な言葉なので覚えておいてください。人権侵害を受けたときは、周りのおとなに必ず相談しましょう。電話で相談ができるところもあります（②91ページ参照）。

▶憲法では、基本的人権について、「現在及び将来の国民に対し、侵すことのできない永久の権利」（第97条）と述べています。しかし、今日の社会でも、差別や偏見の問題は残っています。写真は先住民族としての権利をうったえるアイヌの人びと。アイヌは独自の文化を持つ北方の民族で、北海道はアイヌの人びとが住む土地でした。

（写真提供：共同通信社）

もっと知りたい！
日本で暮らす外国人には政治に参加する権利がない!?

　政治に参加する権利（参政権）は民主主義を支える基礎です。日本では国民だけに認められている権利ですが、世界には、外国人住民の参政権を認めている国もあります。日本には戦前、戦中に朝鮮半島や中国からわたってきた人たちの子孫が大勢おり、その人たちにも参政権を与えるかどうかが課題になっています。外国人も税金を納める義務を果たしている住民のひとりです。地方自治体の中には、幅広い住民の声をまちづくりに役立てるため、神奈川県川崎市の「外国人市民代表者会議」のように、外国人住民の意見を聞くしくみを設けている自治体もあります。

いこうという制度が生活保護です。憲法が約束した、健康で文化的な生活を守るしくみ（福祉制度）のひとつです。

●「平和主義」とは

　日本国憲法9条は、戦争の放棄と、軍隊を持たないことを定めています。日本は憲法9条を通して、二度と戦争をしない国になることを誓いました。ほかの国を侵略して戦争をしたり、ほかの国との間に争いごとが起きたときに、解決方法を戦争に求めたりしないことを約束したのです。

　長く続いた戦争で国民みんながつらい思いをしました。もう二度と戦争はしたくないという気持ちを、だれもが強く持っていました。平和憲法は国民みんなからの強い支持で受け止められました。

　ところが1950年に朝鮮戦争が始まったときに、国防のための組織として「警察予備隊」がつくられ、1954年にこれが「自衛隊」になりました。政府は「他国から攻められた際の自衛のための戦いは憲法では放棄していない」「自衛のために持つ戦力は軍隊ではない」という見解を示し、それを守ってきました。

　自衛隊については、「憲法を改正して自衛隊を正式に軍隊と定めよう」という考えと、「憲法9条は世界に誇れる大切なものだ。守っていこう」という考えが、今も人びとの間で対立しています。

　また日本国内には、アメリカの軍隊（米

私たち日本国民は、世界が平和になることを求め、戦争をしないことを誓いました

銃も戦闘機も、戦争をするためのものは一切持たない

陸軍、海軍、空軍、そのほかの戦力を決して持たない

　かつての日本は、国民の生活を犠牲にして軍備を広げ、世界の国ぐにと戦っていました。しかしその結果、たくさんの命がうばわれました。この反省のうえに、人びとは「戦争のない平和な国をつくること」の実現を決意したのです。

考えるヒント　日本には日米安全保障条約に基づいて、アメリカ軍の基地があります。いったい全国にいくつの基地があるのか、

軍）の基地がたくさんあります。1952年にGHQによる占領政策が終わったときに、日本とアメリカ両政府の間で日米安全保障条約が発効したことで、米軍の部隊がそのまま日本に残りました（②60ページ参照）。

● 日本の「非核三原則」

日本は世界でゆいいつ、戦争の場で使われた核兵器の犠牲になった国です。

被爆した人たちは「原爆の悲劇は二度とくり返してはならない」という願いをこめて「ノーモア・ヒロシマ」「ノーモア・ナガサキ」のメッセージを世界に発信してきました。人びとの間にも広く、原爆や水爆に反対して、核兵器のない世界をつくりだそうとする運動がわき起こりました。

人びとのうねりのような声に後おしされて、政府は1967年に「非核三原則」を打ち出しました。「核兵器を持たない」「核兵器を製造しない」「核兵器を日本に持ちこませない」という3つの方針をかかげたのです。方針を定めた当時の佐藤栄作総理大臣は、このことが評価されて1974年にノーベル平和賞を受賞しました。

非核三原則は法律にはなっていませんが、日本の平和主義を支える国の方針であることがその後、何度も国会で確認されています。歴代の総理大臣も、この方針を守ることを明言してきました。また歴代総理は、国連総会の演説の中で日本の非核三原則にふれながら、核兵器のない世界をうったえてきました。ところが最近では、政治家の中には「日本も核武装すべきだ」と主張する人たちも出てきています。

2011年3月、福島県で東京電力の原子力発電所が大事故を起こして、日本は「核」の被害の歴史を再び重ねてしまいました。このことをきっかけに、「やはり人間は核兵器や原子力とは共生できない」と考え直す人が増えました。広島、長崎から福島へと、核のない世界を目指す人びとの願いがつながっています。

▲福岡県大牟田市は、1985年12月に「核兵器廃絶平和都市宣言」を行い、核兵器の廃絶を訴えました。このような自治体は日本全国で8割をこえ、人口比では9割をこえています。神戸市では、神戸港に寄港する外国軍の船舶に「非核証明書」の提出を義務づける取り組みが行われており、「非核神戸方式」として世界からも注目されています。（写真提供：大牟田市）

どうしてそこに基地をつくることになったのか、調べてみよう。

核兵器も戦争もなぜなくならないの？

歴史をたどれば、核兵器のおそろしさや、戦争のひさんさは、だれもがわかるはず……。それなのに、核兵器や戦争がなくならないのは、「平和のため」といってそれらを利用する人がいるからなのです。

●広がっていく核兵器

広島、そして長崎で、アメリカが人類に対する攻撃としてはじめて原爆を使って以来、国ぐにの核開発の熱が高まりました。おそろしい兵器は広がっていく傾向があります。アメリカに対抗してソ連＊が、ソ連に続きフランスや中国などの国ぐにが核兵器の開発を始めました。このように核兵器が広がっていく現象を「核拡散」といいます。

このころ、アメリカとソ連は冷戦（②20ページ参照）で対立していました。両国が核兵器を持ち、競い合い、またさらに軍拡（軍備を広げること）へと向かう、核軍拡競争が起こりました。もし両国の間で戦争が勃発すれば、一気に世界核戦争になってしまう恐怖に世界がおおわれました。

核兵器の開発には、原爆や水爆などの核兵器を実際に爆発させて効果を見る核実験をともないます。1945年から現在までに、世界で2000回以上の核実験が行われました。特に1950年代から60年代はじめにかけては、地上や海上、空中で爆発させる大気圏内核実験が多数行われ、大量の放射性物質が大気中に放出されました。その結果、現在でも地球上のあらゆる場所で、その当時に出たセシウムやプルトニウムなどの有

＊今のロシアの前身。1922年にソビエト社会主義共和国連邦（ソ連）が樹立。ソ連は1991年に崩壊して、ロシア連邦（ロシア）とほかの国ぐにに分かれました。

広島、長崎で被爆した人たちは、原爆の後遺症に苦しみながらも、あちこちで原水爆反対をうったえてきました。世

核兵器も戦争もなぜなくならないの？

日本は核廃絶をうったえる国のひとつですが、それと同時に、「日米安全保障条約により、核兵器を持つアメリカに守ってもらっている」という批判もあります。

害な放射性物質が、検出され続けています。

現在、核兵器を保有することを国際的な取り決めの中で認められている国は、アメリカ、ロシア、イギリス、フランス、中国の5か国です。また、アメリカと条約を結んだインドも核保有国です。このほかに、パキスタン、イスラエルなども保有しているとみられています。

●反核運動の起こり

太平洋上のマーシャル諸島にあるビキニ環礁とエニウェトク環礁は、1946年から1958年までアメリカの核実験場でした。マーシャル諸島は1986年に独立するまで、アメリカの統治下にあったからです。12年間で核実験が67回も行われました。

1954年にビキニ環礁であった水爆実験では、広い範囲に大量の放射性物質が降り注ぎました。240キロメートル離れたロンゲラップ環礁では、降った灰で多くの島民が被爆しました。その後、別の島に避難した島民は、今でも元の島に帰れずにいます。また、周辺の海にいた数百隻の漁船の乗組員も被爆しました。日本のマグロ漁船の第五福竜丸もそのひとつで、周囲には数時間にわたって灰が降り注いだといいます。この件は「第五福竜丸事件」と呼ばれました。

アメリカ軍の水爆実験のために日本の漁船が被爆したことは、広島、長崎での経験を持つ日本人にとって、大きな衝撃でした。また、放射能汚染を消費者が心配したことから、マグロが売れなくなるという被害も生じました。この事件をきっかけに、東京都内の主婦たちの間で原水爆禁止運動が起こりました。運動はたちまち全国に広がって、広島、長崎の被爆者の人たちとも手をたずさえながら、声を上げていきました。こうして高まった世論が、のちに佐藤総理の非核三原則宣言（55ページ参照）へとつながりました。また運動は世界的にも高まり、国連における核兵器不拡散条約（59ページ参照）の成立にも結びつきました。

界の国ぐにの代表を前に自分の体験を語った人もいます。どんなメッセージを残しているか調べてみよう。

●「核抑止」という考え

　核兵器は、もし使えば相手国が核兵器で報復してくるのを覚悟しなければなりません。そうなればこちらにも壊滅的な被害が出てしまいます。このことから、「核兵器を持っていれば、核を持っている相手国は攻撃してこない。使うための兵器ではなく戦争を防止するための兵器だ」という考え方が生まれました。これを「核抑止」といいます。「核が戦争をおさえこんで止める」という意味です。アメリカとソ連が「そちらが核を使うなら、こちらも使うぞ」と強い恐怖を与え合うことで、戦争にならないぎりぎりのバランス（均衡）を保っているようすを、当時のイギリスのチャーチル首相は、「恐怖の均衡」と呼びました。

　非核三原則のある日本は、核兵器とは無縁なはずです。けれど実際には、世界最大の核兵器を持つアメリカと同盟を結んできました。1951年にアメリカと日米安全保障条約（②60ページ参照）に調印してアメリカの同盟国になって以来、日本はアメリカの持つ「核抑止」の力で守られてきたという見方もあります。

●核廃絶への険しい道のり

　日本政府は国連総会で、核兵器のない世界の実現を各国に求める「核廃絶決議案」

日本は核兵器に反対しながらも、原子力を平和的に利用するという方針を立て、全国に原子力発電所をつくってきました。

を提出しています。この決議案は毎年、賛成多数で採決されています。また国連では1968年に、核兵器の数を減らし、核兵器の使用を制限するための条約（核兵器不拡散条約）を制定しました。現在、核兵器を保有する国の多くが、この条約に署名しています。

1980年代の終わりごろには、よい変化が見え始めました。国同士の対立をかかえていたブラジルとアルゼンチンは、1990年に核兵器の開発をやめることを共同で宣言しました。南アフリカ共和国も1990年代のはじめに核開発を放棄しました。また、ソ連の一部であったウクライナ、カザフスタン、ベラルーシの3か国は核兵器を持たないと決め、1996年までにすべてを廃棄、またはロシアに返しました。2009年には、アメリカのオバマ大統領がノーベル平和賞を受賞しました。アメリカの大統領としてはじめて、「核兵器のない世界を目指す」という考えを発表したのが受賞の理由でした。しかしアメリカ政府は、その後も、核兵器を保有し続けることを言明しています。

核兵器をなくす道のりは、とても険しいものです。アメリカをはじめ、今でも多くの国が「核抑止」にたよっているからです。また、開発途上国や政治的に不安定な国が、自分の国を守るために核兵器を開発する例もあり、そのような国が突然、核兵器を発射する可能性も心配されています。

もっと知りたい！
核兵器不拡散条約（NPT）ってなんだろう

世界から核兵器を減らすことを目的にした国際的な条約で、アメリカ、ロシア、イギリス、フランス、中国の5か国だけに核兵器の保有を認めるものです。これらの5か国は、核兵器をほかの国にわたすことが禁じられるとともに、国ぐにの間で交渉し合って、持っている核兵器を減らしていくことが求められています。そのほかの国は、核兵器の製造と取得が禁じられています。国連の国際原子力機関（IAEA）は、この条約に反して核開発を行う疑いのある国の軍事施設の監視や査察を進めています。

しかし、2011年に福島第一原子力発電所の事故が起こってしまいました。日本の原発の歴史を調べてみよう。

●今も重なり続ける戦争

人類の歴史は戦争の歴史でもあります。地球上で戦争のない時代はなかったといってもいいかもしれません。今、このときも、1945年の日本のように、命の危険ととなり合わせで暮らしている子どもたちがいるのです。21世紀に入ってからも、アフガニスタン戦争（2001年～現在）、イラク戦争（2003年～2011年）と、大きな戦争が相次いで起こされました（②18ページ参照）。「危険なテロリストや独裁者のいる国からアメリカを守るため」「世界の平和と自由を守るため」という理由で、アメリカがこれらの国に攻めこんで始めた戦争でした。

どちらの戦争にも、ヨーロッパ諸国を中心に、およそ40か国が軍隊を派遣しました。国連憲章（②19ページ参照）では、自衛のために戦争をする権利（自衛権）を認めるとされています。さらに、協力関係にある国の自衛権を助けるために戦争をする権利（集団的自衛権）も認めるとされています。アフガニスタンとイラクに軍隊を派遣した国ぐには、この集団的自衛権に基づいて、アメリカに協力するために戦争に参加したのでした。

●日本が果たすべき役割は

日本もイラクに自衛隊を派遣しました。この派遣は戦争に参加するのではなく、「戦闘がすでに行われていない場所の、復興を助けるため」とされました。日本はアメリカと協力関係にある国ですが、日本の憲法では集団的自衛権が認められていないとされているからです。この派遣をきっかけに、「憲法９条を改正して集団的自衛権

世界の平和と発展を目指す国際連合
第二次世界大戦が終わって間もない1945年10月24日、世界の平和と安全を守るために国際連合（国連）という国際組織がつくられました。国連の活動はさまざまですが、その中でも特に重要なのが、内戦や紛争を調停したり、その拡大を防ぐための「平和維持活動（ＰＫＯ）」です。ＰＫＯは、「関係国の同意を得ること」「中立性を保つこと」「自衛以外の目的で武力を行使しないこと」の３原則のもと活動し、一定の成果をあげています。

▶2011年７月に独立した南スーダンの治安改善のために、国連からＰＫＯとして自衛隊が派遣されました。写真は、道路の整備のために子どもとゴミ拾いをしているところです。（写真提供：防衛省）

戦争は怖い。多くの人は、戦争をしたくないと思っているにちがいありません。自分の国がほかの国に攻撃されたらい

核兵器も戦争もなぜなくならないの?

を認めるべき」と考える人びとが声を高めています。とても難しい問題です。

これまで多くの戦争が、正義や自由や平和のためという理由で行われてきました。かつて日本が起こした戦争も、そうでした。けれど、こちらにとっての正義や自由や平和は、相手にとっては必ずしもそうではないことを歴史が物語っています。また、何が正義であるかは、そのときの世論によって変わったりもするものです。

深刻な対立や衝突を解決する方法は戦争しかないのでしょうか。人類の知恵が試されています。日本は、過去にひさんな戦争を起こした国として、戦争で核兵器の犠牲になった世界でゆいいつの国として、そして、たくさんの犠牲のうえに憲法9条を生み出した国として、世界の平和づくりに役立つ国になっていく責任があります。

今、日本周辺の東アジアでは緊張が高まっています。領土をめぐる問題や核開発の問題が起きているからです（②2章参照）。再び戦争をする国に向かうのではなく、平和的に解決する方法を私たちは冷静に探っていかなければなりません。日本が守り続けてきた平和主義を手放してはならないのです。

やだよね。平和を守りながら、日本のことも守るには、どうすればいいかな。

生活が豊かになってどう変わったの？

戦争が終わっても、空襲で家が壊されたうえに食糧が不足するなど、人びとの生活は変わらず苦しいままでした。政府は、諸外国の助けを借りながら、経済復興に力をそそぎ、やがて豊かな国へと生まれ変わりました。

●焼けあとからの復興

戦後の日本の復興について、今度は人びとの生活の観点からふり返ってみましょう。

戦争で日本は焼け野原となり、終戦後も衛生状態の悪さや食糧不足によって、多くの子どもたちが病気や栄養失調に苦しみました。日本は、外国からお金や物資などの助けを借りて、国を再建していきました。援助には、アメリカ政府からの資金や、ユニセフ（②15ページ参照）からの給食用の粉ミルク、民間団体からの食糧や衣料支援などがありました。世界銀行（開発途上国のために資金援助を行う国際機関）から低金利で借りた資金を使い、東海道新幹線や東名高速道路などの建設も進めました。

◀外国からの食糧援助により学校給食が再開しました。当時のメニューは、脱脂粉乳にパンという質素なものでしたが、子どもたちにとって給食はいちばんの楽しみでした。（写真提供：朝日新聞社）

1950年6月には朝鮮戦争が始まり、北朝鮮と韓国が領土をめぐり激しく対立しました。隣国であった日本は、朝鮮半島と日本に駐留するアメリカ軍から、戦争に必要な物資などの注文が殺到した効果によって、好景気が訪れたといわれています。皮肉にも、ほかの国の戦争をきっかけに、日本の経済は急速に回復していきました。

敗戦後、ゼロから出発した日本は、わずか30年ほどで、世界をおどろかせるほどの経済発展をとげました。

戦後、日本の都市部で工業が急成長すると、若い人がよりよい収入を求めて、農村から都市部に移り住むようになり

●世界第2位の経済大国へ

日本政府が毎年発行している『経済白書』と呼ばれる経済報告書があります。1956年の号に書かれた「もはや戦後ではない」という言葉が、当時の流行語になりました。日本は経済の立て直しを急速にとげて、ここに戦後の復興が終わったことを宣言したのでした。

1954年から1972年にかけては、日本は高度経済成長期を過ごしました。太平洋沿岸部を中心に石油コンビナートが次つぎと建設され、工業製品の輸出によって日本の経済は急速に発展しました。この時期、経済成長率は毎年10パーセント以上を記録していました。1968年には国民総生産（GNP）が西ドイツ（今のドイツの一部）をぬいて世界第2位となり、アメリカにつぐ経済大国へとおどりでました。日本のめざましい復興は世界をおどろかせ、「東洋の奇跡」と呼ばれるほどでした。平和であることが、安定した経済活動を守り、人びとを前向きに働かせたのです。

▶1964年10月、東京オリンピックが開かれました。アジアでオリンピックが行われたのは初の試みで、国際社会に日本の復興をアピールする機会にもなりました。
（写真提供：毎日新聞社）

ました。今、同じことが日本の周りのアジアの国ぐにで起きているよ。どんな国で起きているのか調べてみよう。

●大量生産、大量消費の時代

　どんどんつくって、どんどん売って、どんどん買う。そんな大量生産と大量消費が、戦後、日本の経済成長を支えていました。石油などの原料を外国から大量に輸入して、大きな工場で大量に生産すれば、効率が上がって製品を安くつくることができます。農村からたくさんの人が出てきて工場で働き、大量生産を支えました。

　戦後は、家電製品やプラスチック製品などの、今ではあたりまえの便利なものが世の中に登場し始めた時期でした。1953年には日本でもテレビ放送が始まり、白黒テレビ、洗濯機、冷蔵庫が人びとのあこがれの的になりました。がんばって働いて、欲しいものを買いそろえていくたびに、生活が豊かになるのを実感したのでした。

　1960年には、池田勇人首相が「国民所得倍増計画」を打ち出しました。工業をさかんにして輸出を増やし、国全体の経済を2倍に豊かにして、働く人たちがかせぐお金も2倍に増やすという計画です。計画通り経済は成長して豊かになり、人びとがかせぐお金も計画発表からたった7年で2倍になりました。

　貧しさやものがなかった時代からぬけ出して経済的に豊かになりたい。戦後はだれもがそんな共通の目標を抱いて、がむしゃらに働きました。働けば目標に近づくこと

高度経済成長期には、「金のたまご」と呼ばれる若い労働者たちが社会を支えていました。中学を卒業してすぐに就職する人のことを「金のたまごのように貴重」という意味をこめて、このように呼んでいたのです。

あなたは大きくなったら、どういう仕事がしてみたいでしょう？　世の中にはどんな職業の人がいるのかな。仕事に

ができたから、きつい働き方でも平気でした。1970年代に入り、やがて経済成長はゆるやかになりましたが、人びとの暮らしはすっかり豊かになりました。その豊かさを元に、ヨーロッパの社会福祉型国家を見習って、さまざまな政策が実施されるようになりました。

● **本当の豊かさとは**

1986年から1991年にかけて、日本を「バブル景気」がおおいました。突然の好景気に、みんなが浮かれたようになって、高いものを買いあさりました。ところがバブル（泡）がはじけるように景気もはじけて消えて、それ以来、日本では長い不景気が続いています。みんなが同じ目標に向かっていく時代は終わりました。

何が人生の目標で、何を幸せに思うかは、本当は一人ひとりちがっているはずです。ひとつの目標に向かっていたときには考えなかった、一人ひとりの幸せの中身を、みんなが立ち止まって考えるようになりました。けれど今の日本の社会でも、がむしゃらに働かなければならないのは変わらなくて、無理やストレスが原因で心の病になやむ人が増えています。

豊かさとは、人を幸せにしてくれるもののことです。お金やものだけではない、目に見えない豊かさがたくさんあるはずです。

いくらがんばって働いても正社員になれない

契約社員募集

ある日突然、仕事がなくなってしまう……

企業リストラ急増
3万1000人削減

就職活動がうまくいかず、将来が見えない

不採用 不採用 不採用

現代社会では、大学を卒業しても就職できない、就職しても正社員になれない、正社員になってもリストラされて職を失ってしまうなど、雇用に関する社会問題が起きています。

ひとりで・みんなで 考えてみよう

豊かさってなんだろう？

安心して人間らしい暮らしを家族と一緒にできること。
それは人間にとって、かけがえのない幸せです。
私たちの幸せのために大切な豊かさってなんでしょう。
ものの豊かさも心の豊かさも、どちらも大事なはずです。

下の写真は、片方は日本の都会、もう一方はパプアニューギニアの子どもたちです。場所も環境もまったくちがうふたつの国ですが、どちらにもそれぞれの豊かさと、なやみがあります。

（写真提供：ニューギニア航空）

多くの人がビルの谷間の交差点を行き交っています。日本では十分なものがあり生活も便利になって、人びとは安心して暮らせます。けれど毎日がとてもいそがしいです。

パプアニューギニアは南太平洋の島国です。豊かな自然の中で子どもたちは育っています。自給自足の暮らしがありますが、貧しさに苦しむ人も多くいます。

それぞれ、どんな豊かさがあるかな

日本のことは、自分の日常生活をふり返って、パプアニューギニアのことは、写真から感じたことや、本やインターネットでくわしく調べて、書き出してみましょう。

豊かといっても、いろいろな豊かさがあるんだね

日本
おいしい食べ物や
おしゃれな服がたくさんある。
安心して暮らせる……

パプアニューギニア
自然がいっぱい。
友だちがいっぱい……

それぞれ、どんな困ったことがあるかな

どちらの暮らしも、よいことばかりではないはずです。困っていることや、よくない面についても考えたり、調べたりして書き出してみましょう。

> ものがいっぱいありすぎると、かえって満足できなくなるのかな

> 自然が豊かでのんびりしていても困っていることも多いんだね

日本

仕事や勉強がいそがしくて、のびのびと遊ぶ時間がない。ものを買いすぎてしまう。自然が少なくなった……

パプアニューギニア

学校や病院が遠い。欲しいものが買えない。貧しい家庭では、家族が出稼ぎに行ってしまう……

幸せになれる「豊かさ」を見つけよう

人は衣食住が足りてはじめて、安心で安全な暮らしを築くことができます。暮らしの安心は気持ちにゆとりを与え、心の豊かさを育みます。心の豊かさのひとつは、自分にとって何が本当に大切かを知っていることです。

あなたにとって今、本当に必要なものや大切なことはなんでしょう。その答えが、今、あなたが幸せになれる「豊かさ」ではないでしょうか。

> ものが豊かになると心が貧しくなるとか、そういうことではないんだね

人びとの幸せ 世界の幸せ

心の豊かさ・形のない豊かさ
やさしさ、愛情、思いやり、努力、希望、夢、知識、学校に行って自分の能力をのばしていける、困った人を助ける福祉が備わっている……

ものの豊かさ・形のある豊かさ
安心と安全を与えるもの（食べ物、家、着るもの、家族）、生活を便利で快適にするもの（車、電気製品、携帯電話）、お金……

経済成長と環境保護は両立できるの？

戦後のめざましい経済発展の裏には、その被害にあった人びともいました。
自然環境の破壊や、工場から排出される物質が、人間の生活環境をおびやかしていたのです。

●「安く、速く、大量に」のしわ寄せ

高度経済成長期は、開発のために海をうめ立て、山をけずり、川をコンクリートで固めていく光景さえも、豊かになる良い証として人びとの目に映りました。工業生産の現場では、生産にともなって必ず排煙や廃液が発生します。けれど「安く、速く、大量に」という効率を優先した結果、それらの処理は後回しにされました。そうして空気や海や川や地下水や土壌などの環境が破壊され、汚染されていきました。

人間の生産活動によって環境が汚染されて、それが大きな害となることを公害といいます。日本は世界でも有数の公害大国になり、公害が原因で起こる深刻な病気（公害病）も全国各地で発生しました。その後、汚れた排煙や廃液のたれ流しを防ぐ法律ができ、汚染を取り除く意識や技術も進んで公害は改善されつつあります。しかし、公害病になった人たちの、平和をうばわれた苦しみは今も続いています。

四大公害病

高度経済成長の時代には、企業による公害が日本の各地で発生しました。なかでも住民への被害が深刻だった4つは「四大公害病」といわれ、国や企業の責任が厳しく問われました。

水俣病
1956年、熊本県水俣市で、手足のしびれや体の動きがぎこちなくなる症状を起こす人が多く出ました。工場が有機水銀をふくむ廃液を海にたれ流して、汚染された魚を食べた人たちが有機水銀中毒になったのです。

四日市ぜんそく
1960年代、三重県四日市市に石油コンビナートが建設され、ぜんそくをうったえる住民が多発しました。原因は、煙にふくまれる二酸化硫黄が大気を汚染していたためでした。

新潟水俣病
1965年、新潟県阿賀野川流域で水俣病の発生が確認されました。工場が有機水銀をふくむ廃液を海にたれ流していたことが原因でした。

イタイイタイ病
1910年ごろから、富山県神通川の流域で、骨がもろくなり、すぐに折れてしまう奇妙な病気が多発しました。1961年に、近くの精錬所から流れ出るカドミウムが神通川まで通じ、田畑や飲料水を汚染したことがつき止められました。

公害病が発生した当時、企業や国は責任を認めませんでした。しかし、それから、被害者たちが団結して裁判を起こ

経済成長と環境保護は両立できるの？

● 公害問題から環境問題へ

　公害は汚染を発生させた企業によって引き起こされたものです。では現代の環境問題は、公害とはどうちがうのでしょう。

　現代の環境問題は、現代文明のめぐみを受けて生きているすべての人が責任を負っています。私たちは電気や石油やガスなどのエネルギーを使って生活しています。私たちが買う製品は資源やエネルギーを使って生産されています。エネルギーや資源を地中から取り出すためにはどうしても自然環境が破壊されます。エネルギーを燃やしたりものを生産したりすれば、さまざまな環境汚染物質が発生します。そして、ものを買えば必ずゴミが出ます。もっともっとと、便利でものがあふれる暮らしを求める私たちの生活そのものが、環境問題を引き起こしているのです。

　環境を破壊する原因を出さないための企業の努力はもちろん大切です。それと同時に、消費者である私たちもまた、私たちの生活のあり方そのものを考え直す必要にせまられています。

　ひどい公害を経験した日本は、人びとの努力で、環境技術を進歩させてきました。世界では今、多くの開発途上国が環境問題になやんでいます。日本にはそれらの国ぐにを支援する力があるといえるでしょう。

▲東日本大震災のときに事故が発生した福島第一原子力発電所。大気中に放射性物質が放出され、周辺の多くの住民が避難をしました。放射線の高い値が続く地域では、今後数十年、故郷に帰ることができなくなりました。
（写真提供：エア・フォート・サービス）

もっと知りたい！

水俣の海は、どうなったの？

　水俣病は、「チッソ」という名前の化学工業会社の水俣工場が有機水銀をふくむ廃液をたれ流したせいで起こりました。1956年に病気の発生が確認されたあともそれは続き、1968年にようやく水銀を流さなくなりました。熊本県は水俣湾の底にたまった水銀をふくむヘドロを取り除いて汚染された場所をうめ立てる工事を14年もかけて行いました。うめ立てられた場所は、現在では「エコパーク水俣」という公園になり、近くには水俣病についてくわしくわかる「水俣病資料館」があります。水俣の海はようやくきれいになって、再び漁が行われています。

し、それに勝ったことで生活の支援が受けられるようになりました。もし、みんなの周りの環境が壊されたら、どう思うかな。

●宇宙船地球号が危ない

　地球上の資源には限りがあります。逆に人間の暮らしから発生するものやゴミは、地球上にたまり続けていきます。地球はまるで1台の宇宙船のように、ひとつの閉じた空間です。そして地球上に生きる全員が、この宇宙船に乗り合わせた仲間です。乗組員の私たちは、宇宙船の中にあるものだけで生きていかなければならないし、出てくるものは宇宙船の中だけで片づけなければなりません。乗組員のだれかが引き起こした問題の影響は、別のだれかの上に、または全員の上に降りかかってきます。

　今、私たちの宇宙船地球号は危機におちいっています。例えば、このまま地球温暖化が進めば、海の水位が上がって、太平洋に浮かぶツバルなどの島じまは海に沈んでしまいかねません。エネルギーをたくさん使う先進国の豊かな暮らしのせいで苦しめられるのは不公平だと、ほかの国ぐにの間に不満が高まっています。

電気をつくるエネルギーには、火力、原子力、水力、風力、太陽光などがありますが、福島第一原子力発電所の事故

経済成長と環境保護は両立できるの？

●平和をゆるがす環境問題

　環境問題は戦争を引き起こす原因にもなっています。例えばアフリカのスーダンで長く続く内戦は、もとをたどれば地球温暖化が引き起こしました。

　スーダンのあるサハラ砂漠周辺の地域では、地球温暖化の影響で雨が減り、砂漠の面積が拡大し続けています。これは、農業で暮らす人びとや草原に家畜を放して暮らす遊牧民にとっては、利用できる土地が減り、生きる方法がなくなることを意味します。スーダンの内戦は、残り少ない土地のうばい合いがおもな原因のひとつといわれています。

　地球温暖化によって雨の降り方も変わってきました。降るときは一度に大量に降って、一気に海に流れ去ってしまうことが増えています。農業や工業は大量の水を必要としますが、人間が利用できる水にはもともと限りがあります。このまま環境の変化が進めば、貴重な水資源をめぐる争いが世界各地で起きると心配されています。

世界の年間水使用量の変化

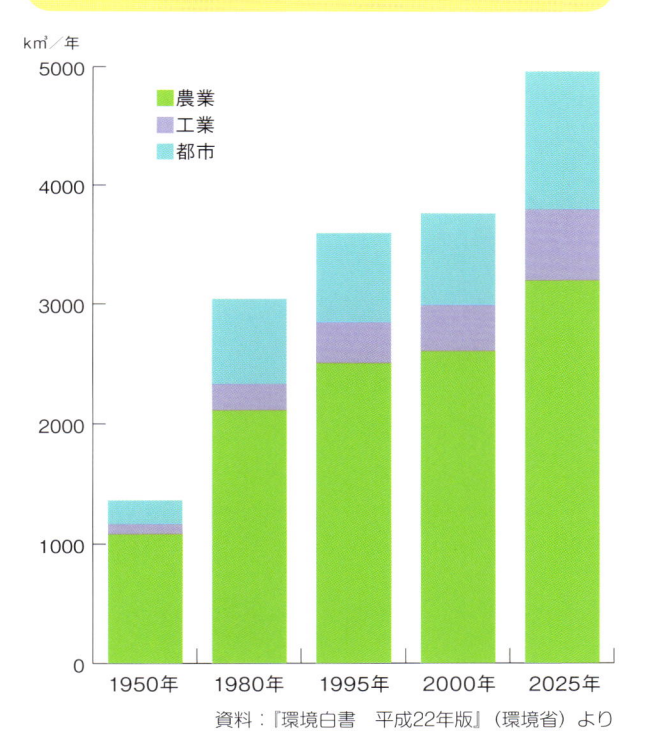

（km³／年）

年	農業	工業	都市
1950年	約1100		約1400
1980年	約2100		約3050
1995年	約2500		約3600
2000年	約2600		約3800
2025年	約3200		約5000

資料：『環境白書 平成22年版』（環境省）より

▲1950年は約1400km³だった水使用量が、2000年には約4000km³と3倍近くに増えています。さらに2025年には約5200km³と、2000年の約1.3倍に増加する予測となっています。

もっと知りたい！
環境問題とノーベル平和賞

　ケニアの環境保護活動家のワンガリ・マータイさんは、アフリカ大陸全土で多くの女性たちとともに植林活動を進めたことで、2004年にノーベル平和賞を受賞しました。環境問題に関連して平和賞を受賞した、はじめての例でした。持続的な社会を目指す環境保護運動や、女性の力を生かして民主的な社会を目指す運動は、社会に安定をもたらして平和を築くものだと評価されたのが、受賞の理由です。2007年には、地球温暖化問題に取り組んできたアル・ゴア元アメリカ副大統領が、やはりノーベル平和賞を受賞しています。

から、原子力に反対する人が増えています。原子力発電による電力は、日本全体のどれくらいをしめているのだろう。

●持続可能な社会へ

人類は、より便利でより快適な暮らしを求めて常に社会を発展させ続けてきました。けれどその発展によって環境問題が起こり、環境問題が原因で人間の社会そのものが危機にさらされています。では、問題を解決するためには、昔のような、不便でもののない時代にもどらなければならないのでしょうか。

そうではなくて、人類の新しい知恵と技術を使って、環境保護と発展の両方を成り立たせようという努力が今、世界中でなされています。例えば太陽光や風力やバイオマス（木材などの植物資源）のような、使い続けてもなくならない資源や再生が可能な資源を利用する試みです。これらの資源は燃やしても地球温暖化の原因になる二酸化炭素を増やしません。このように、環境を壊さずに将来もずっと続けていけるような開発のあり方を「持続可能な開発」といいます。

▲岩手県葛巻町では、1999年に「新エネルギーの町宣言」をし、自然の恵みを生かしてエネルギーを自給しています。現在、エネルギー自給率は約80％ですが、100％を目指しています。（写真提供：岩手県葛巻町）

持続可能な社会をつくる３つの柱

低炭素社会
温暖化の原因となる温室効果ガスの排出を減らしながら、経済発展を目指す社会です。温室効果ガスは、石油、石炭などの化石燃料を燃やして発電するときや、機械を動かすときなどに発生します。自然エネルギーの利用や、省エネルギーの実施などの努力が必要です。

自然共生社会
土、水、大気、森林などの自然環境を守りながら、共に生きる社会です。今、人間の活動による自然破壊が深刻になっていますが、それらを防止、改善、あるいは再生していく必要があります。さまざまな自然が、人間社会を支えてくれていることを忘れてはいけません。

「もったいない」という日本語は今や世界共通語です。私たちの生活のなかで、リサイクルできるものにはどんなもの

経済成長と環境保護は両立できるの？

●「もったいない」を見直そう

日本の国民ひとり当たりのエネルギー消費量はアメリカの半分です。資源にとぼしい日本では、省エネルギーやリサイクルへの取り組みが熱心に行われてきたからです。

2004年にノーベル平和賞（71ページ参照）を受賞したケニアのワンガリ・マータイさんは、日本語の「もったいない」という言葉を世界共通の言葉として広めようと努めました。環境を守るためには「3つのR」が大切です。これは英語の「リデュース（消費を減らす）」、「リユース（使い回す）」、「リサイクル（再生して使う）」の頭文字からきています。そして、そのような環境を守る行動は、自然やものを大切に思う心がなければ生まれてきません。マータイさんは、これらのことをひとことで表せる言葉は「もったいない」しかないと考えて、世界中に広めようとしたのでした。

現代の日本に生きる私たちは「もったいない精神」を忘れてはいないでしょうか。ぜひもう一度見直していきましょう。

循環型社会
廃棄物をできるだけ資源として再生し、くり返し利用する社会です。循環型社会の実現に、3Rという活動が進められています。地球の資源は無限にあるわけではありません。私たち一人ひとりが、「資源を有効に利用していく」意識を持って行動する必要があります。

もっと知りたい！
気候変動枠組条約と京都議定書

1992年に世界各国は「国連気候変動枠組条約」を採択して、地球温暖化対策に世界全体で取り組んでいくことを決めました。この条約に基づいて1995年から毎年「気候変動枠組条約締約国会議」が開かれており、1997年に京都であった第3回会議で「京都議定書」が採択されました。日本政府は、これをまとめるために大きな貢献をしました。

京都議定書では、地球温暖化の原因になる二酸化炭素など6種の温室効果ガスの排出量を2012年までに減らすことを先進国に義務づけています。減らす量の達成目標は1990年の排出量を基準に各国別に定めていて、日本はマイナス6パーセントを割り当てられました。なお開発途上国は削減の義務がありません。

温室効果ガスの排出量が世界一多い中国と世界3位のインドは開発途上国とされており、また世界2位のアメリカは京都議定書に参加していません。これらの国の中でもさまざまな議論がありますが、まだ参加にはいたらず、「それでは不公平だ」と世界の国ぐにから批判の声があがっています。

があって、どういうリサイクルの方法があるのかな。まちを歩いて見つけてみよう。

戦後の社会と平和

千春先生からのメッセージ

From: 千春先生
To: みなさんへ
Subject: 「戦後の社会と平和」について

第二次世界大戦が終わった1945年8月15日から今日まで、日本は平和の国をつくり、守ってきました。軍隊で他国をおどしたり、となりの国に攻めこんだり、植民地にしたりせず、国際社会の中で平和を守る国として活躍しようという方針をつらぬいてきました。すばらしいことです。

明治維新後、日本が国際社会にデビューしたあと、ヨーロッパやアメリカの大きな国に植民地にされないように、そして自国も大きな国になるために、軍隊を強くし、となりの国ぐにに攻めこみ、植民地をつくりました。そのために戦争も行いました。1章で勉強したように、日本は戦争の国だったのです。

けれども、およそ70年もの間、そのような歴史を深く反省し、二度と戦争を起こさないことを約束して、世界の中で再び尊敬される国として立ち直るために、多くの人びとが努力してきました。日本の外交官も、企業のビジネスマンも技術者も、学校の先生も、まちや村の人びとも、戦争で亡くなり傷ついた方がたをしのびながら、一人ひとり、平和の方針を守り、世界からの信頼を築くために骨身を惜しみませんでした。大変だったと思います。

ケンカをして友だちを怒鳴ったり傷つけたりしたら、なかなか許してもらえないよね。それはみんなもわかるよね。でも、勇気を持って自分のまちがいを認めて、きちんと謝ることはとても大切。許してもらえるかどうかはわからないけれど、それが誇り高い人びとのすることにちがいありません。国と国、国民と国民のおつき合いも同じです。

そういう国を動かすために、大事な国の土台が日本国憲法で定められました。だれもが自由で平等な人間としての権利が守られる社会のしくみ。国民が自由に意見を述べてみんなが一緒に国の方針を決めていく民主主義のしくみ。

私たちの平和の国、日本。私たちの大事な国。その国をもっともっとすばらしい国にし、もっともっと仲の良い国ぐにや人びとを増やしていくために、みんなに何ができるかな。さっそくみんなで自由に平等に議論して、おもしろい知恵、ユニークなアイデアを競い合って下さい！

3章
情報社会と平和

現代社会ではインターネットが普及して、だれもが簡単に世界中の情報を手に入れられるようになりました。情報はあふれかえっていますが、どれが本当のことか、かえってわかりづらくなってしまいました。

戦争中の日本では、本当のことが人びとにはかくされていました。本当のことを知る自由がなかったのです。今、私たちには自由があります。

自由に生きるってすばらしい！　自由というのは、決めるのは自分自身だということです。あふれかえる情報の中から自分で判断して選び取っていかなければなりません。自由に生きるためには大きな責任をともないます。

- 1970　パーソナルコンピュータ登場
- 1980　携帯電話登場
- インターネットの普及
- 21世紀 2001　インターネット依存症が問題に
- 2010　タブレット型コンピュータの発売

1894　1904　1914　　　1931　　1941 1945 1951　　　1967　　　　　　　　　　2001　2011　2020
　　　　　　　　　　　　　　　　　1947　　　　　　　　　　　　　1989　　　　2003 2005 2013

民主主義を支えるメディアの役目

家ではテレビを見て、友だちとは携帯電話で連絡を取り合い、パソコンを使ってインターネットを利用する。メディアは私たちの生活に密着しています。ここでは、そのメディアの持つ特徴を学んでいきます。

●権力をチェックする見張り番

　新聞や雑誌、テレビ、インターネットのホームページは、世界に向かって開いた窓です。実際にあちこち出かけなくても、窓から外をながめれば、世界で起きていることが見えてきます。そうやって世界と私たちの間で情報の橋わたし役をしてくれるものをメディア（媒体）といいます。メディアの情報をもとにして、私たちは社会のことについて考えたり、話し合ったりすることができます。またメディアには、権力をチェックするという大切な役目があります。メディアは、いつも政府の動きに目を光らせています。だから私たちは、政治が私たちを不幸せにする方向に動いていないかを見極めることができるし、政府の都合のいいようにものごとが決まっていくのを防ぐことができます。

　このようにメディアには、政治をかくしごとのないものにして、だれからもはっきり見えるようにする大きな力があります。これは民主主義（50ページ参照）のために、とても大切な力です。メディアは、立法、

世界中で起きるさまざまなことを、記者が取材をして、カメラマンが映像や写真を撮り、メディアを通して私たちに情報が伝えられます。最近ではインターネットの利用が広がり、情報の量はますます増えるようになりました。

76　❓ 新聞、テレビ、教科書、インターネット。たくさんのメディアがあります。みんなが信用しているメディアは何？

民主主義を支えるメディアの役目

行政、司法の三権（49ページ参照）に続く四つ目の権力とも呼ばれています。

● メディアの責任

もし窓にゆがんだガラスがはまっていたらどうなるでしょう。外の景色もゆがんで見えてしまいます。これでは世界の本当の姿はわかりません。世界に開いたメディアという窓も同じです。メディアには、真実をきちんと伝えるという大きな責任があります。そしてメディアには、メディアの持つ大きな力を常に人びとの側に立って使う責任があります。

民主主義でない国では、メディアは政府にコントロールされて、政府の都合のいいことばかりを伝える手段になってしまいます。大日本帝国時代の日本がそうでした。その反省のうえに立って、日本国憲法は、言論の自由を守ることを約束しています（51ページ参照）。

またメディアが持つ力は、人権を損なう方向に働いてしまうこともあります。例えば、メディアがまちがえて別の人を犯人あつかいして、その人の顔写真を広めてしまったら、あとから訂正しても、その人の傷ついた名誉はなかなか元に戻りません。メディアがわざとうそを伝えることもあります（81ページ参照）。メディアは、その持つ力を正しく使う責任も持っています。

> **もっと知りたい！**
>
> ### 戦前は検閲制度があった
>
> 検閲とは、国家などの公的な権力が表現物を検査して、不適切だと判断したものや権力にとって都合の悪いものを取りしまることをいいます。表現物には、本や雑誌やパンフレットなどの出版物、テレビや映画などの映像、音楽、写真、インターネット上で発表されるものなどがあります。表現は常に、受け取る側を傷つけたり不快にさせたりするおそれをはらんでいます。戦前のような検閲制度を復活させないためにも、どのような表現をどこまで認めるのかということを、表現する側と受け取る側が一緒になって社会全体で議論していく必要があります。

信用するのはなぜだろう。信用できないメディアは何？　信用できないのはなぜだろう。考えてみよう。

●だれもがメディアになれる時代

みなさんも調べ物をするときにはインターネットを使いますよね。例えば「東日本大震災（②42ページ参照）で困っている人を手助けしたい」と考えて、インターネットで調べて支援の方法を見つけた人もいるはずです。パソコンの画面の向こうには、世界中の知識と情報がつまっています。

現代社会では、新聞やテレビのような大きなメディア（マスメディア）が発達して、世界中のできごとを、だれもがすぐに知ることができます。その上、インターネットの普及が進んで、飛びかう情報の量とスピードはますます激しくなりました。

さらにインターネットには、双方向（両側通行）という特徴があります。これまでのマスメディアとのつき合い方は、こちらが情報を受け取るだけの一方通行でした。けれどインターネットが登場してからは、電子メールやSNS（ソーシャル・ネットワーキング・サービス）などを通して、読者や視聴者がマスメディアに意見を簡単に送ることができるようになりました。

> はんらんする情報に飲みこまれないよう、それを読み解く力を身につけることが重要です。

考えるヒント❓ 災害のあとなど、世の中が混乱しているときは、まちがい、うその情報が流れることが多い傾向があります。ふだん

民主主義を支えるメディアの役目

しかもインターネットを使えば、だれもが情報を発信する側になれます。マスメディアが取り上げないような小さなニュースを写真やビデオや文章で記録して、インターネットで発信する人が増えています。まるで「ひとり新聞社」や「ひとりテレビ局」です。こうして、一人ひとりがメディアになれる時代がやってきました。

● 情報にふり回される現代社会

現代社会では、さまざまなメディアの発達によって、情報が速く、簡単に、大量に得られるようになりました。その半面、情報にふり回されてしまう問題も出てきています。情報があふれる中では、ものごとをじっくりとほり下げて考えさせるような長くてまじめな文章は、読む人に敬遠されがちになりました。メディアの側も、ぱっと興味を引く事がらだけを取り上げたり、興味を引くように大げさな見せ方をしたりしがちです。

またインターネットに飛びかう情報にはまちがいも多く、まちがいが正されないままスピードに乗って、どんどん広がっていくという問題があります。情報がこれだけたくさんあふれていても、本当に大切な情報を伝えること、受け取ることは、とても難しいのです。

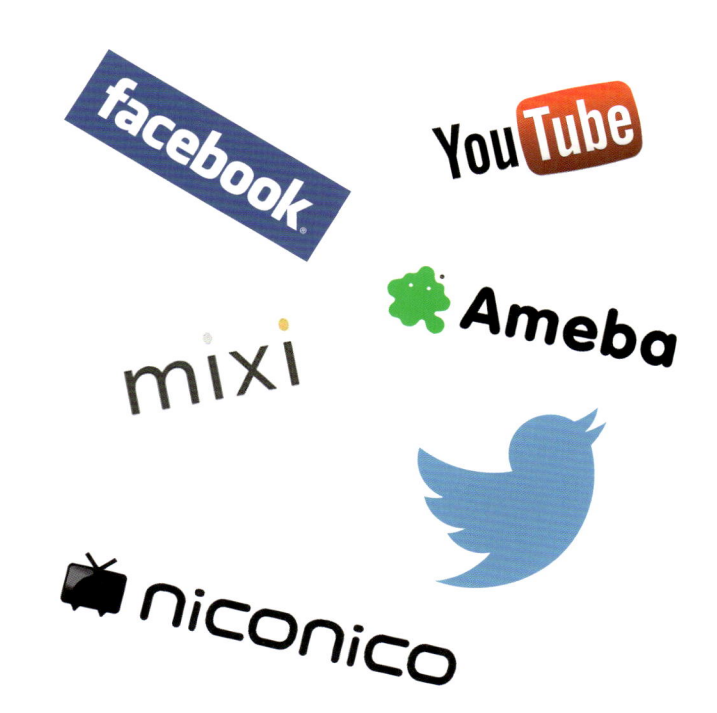

インターネットや携帯電話の利用が広がった今日では、私たちが日常的に触れる情報の量が、ますます増えてきました。みなさんも、SNSやブログ、動画サイトなどをチェックすることが習慣になっていませんか？

もっと知りたい！

だれでも情報を発信できるソーシャルメディア

ツイッターやフェイスブック、動画共有サービスのような、だれでも手軽に参加できるインターネット上のサービスを使って、社会に向けて情報を発信し、共有していく手段のことをソーシャルメディアといいます。参加者同士がつながってネットワークをつくりだすしくみの中で、簡単に情報を広めて意見を交換できるのが特徴です。またマスメディアが取り上げないような情報も、簡単に得られるようになりました。簡単になった半面、出回る情報が事実かどうかを見極める目が大切です。

から「これは本当かな?」と考える習慣をつけよう。

情報を読み取る力

情報にふり回されずにメディアをじょうずに利用するには、技があります。それがメディアリテラシーです。リテラシーは「読み取る力」を意味します。

情報を探し出す力。見つけたたくさんの情報の中から信頼できる情報を選び出す力。選んだ情報の意味を読み取って、正しく理解する力。理解したことを、うまく活用していく力。これらの力がメディアリテラシーです。

「情報がたくさんありすぎて、どれが信頼できる情報なのかわからない」。そんなふうになやんだときのコツは、なるべくいろいろな情報を見比べてみることです。

例えば同じできごとをあつかった新聞記事でも、新聞社によって書き方がちがうことがよくあります。記事を読み比べてみると、ものごとには、いろいろな見方があることがわかってきます。いろいろな見方にたくさんふれることを通して、より正しい情報を読み取る力が養われていきます。

すべての情報は編集されている

テレビ局や新聞などのマスメディアでは、日々、取材をしている記者からさまざまな情報（一次情報）が飛びこんできます。その情報が「より印象的に伝わるように」編集されて、私たちのもとにニュースとして届けられます。

> 伝えられた内容をそのまま受け止めるのではなく、伝える側がどのような意図で情報を提供しようとしているのかを考える必要があります。

情報A　情報B　情報C　情報D　情報E

伝える側の意図によって編集されて……

考えるヒント❓ インターネットの記事は、だれが書いたものなのか注意してみよう。だれが書いたかわからない記事には、まちがいや

民主主義を支えるメディアの役目

●メディアをチェックする力

メディアには権力をチェックする大切な役目があります（76ページ参照）。大切な役目だからこそ、メディアの伝える情報にまちがいがあったら困ります。メディアを利用する私たちには、メディアをチェックする役目があります。

たくさん飛びかう情報の中には、まちがった情報も必ず混じっているものです。なぜなら情報とは人が伝えるもので、人は必ずどこかでまちがいをしてしまうものだからです。気づかずにする勘ちがいもあれば、なかには何かの目的で、わざとちがう情報やうその情報を流す場合もあります。

まちがいやうそを見つけたら、「それはちがう」「本当はこうだと」と、だれもが声をあげられるしくみがなくてはなりません。特に、まちがいやうそによって人権を損なわれた人の声が届くしくみが必要です。もちろん、まちがいはきちんと正されなくてはなりません。このようにメディアが伝える情報をきちんとチェックする目を持つことも、大切なメディアリテラシーです。

検閲（77ページ参照）という方法で政府がメディアを操作した時代に戻らないために、私たち一人ひとりがメディアリテラシーを身につけて、みんなでメディアをより良くしていかなくてはなりません。

情報を発信する側になる人も増えていますが、あまりに気軽にできてしまうことから、情報を流すのには責任をともなうことが忘れられてしまいがちです。インターネットは、マスメディアも個人も同じメディアとして平等になれる可能性を与えてくれました。それと同時に、個人もまたマスメディアと同じように、発信する情報に対する重い責任を負うことになります。

もっと知りたい！

放送の質を高める工夫・BPO（放送倫理・番組向上機構）

NHK、日本民間放送連盟、全国の民法放送局各社が、放送の質の向上のために共同で設置した機関です。研究者や作家、法律家などの専門家でつくる委員会が、視聴者から問題があると指摘された番組について審理を行い、その結果を公表しています。委員会には、放送倫理検証委員会（取材・制作のあり方や番組の内容の倫理上の問題を調査）、放送と人権等権利に関する委員会（名誉やプライバシーなどの人権侵害を調査）、放送と青少年に関する委員会（青少年に与える影響などを調査）の3つがあります。

うそがふくまれていることもあります。

●メールにふり回されない

みなさんが生まれたころには、とっくにあったインターネットや携帯電話、電子メールですが、一般に使われ始めたのは1990年代の後半ごろです。今では多くの人が使うようになって、生活がとても便利になりました。けれどインターネットや電子メールには危険な面があることを忘れないでください。

危険な面のひとつが、「依存症」になってしまうことです。文部科学省が2009年に行った調査では、1日に30通以上のメールを送っている人が小学6年生の4人にひとり、中学2年生では3人に2人近くと発表されました。なかには1日に100通以上のメールを送っている人までいました。

メールが来たら、すぐに返事を出さないときらわれるかもしれない。そんなふうに心配する人もいるかもしれませんね。けれどそのメールのやり取りは、あなたにとって本当に楽しいこと、うれしいことですか。人を幸せにする手助けをしてくれるはずの道具に、ふり回されてしまってはいませんか。メールを打つ手をちょっと止めて、考えてみてください。

はやく返信しないと仲間はずれにされちゃう

本当はもう寝たいのに……

返事が来ない……

これって「コミュニケーション」といえるの？

実際に会ったことはないけれど、メル友だって友だち！

3分以内に即レスが私たちのルール

考えるヒント
あなたは携帯電話を持っていますか？　もし持っていたら、携帯電話があってよかったこと、逆に困ったこと、

民主主義を支えるメディアの役目

● インターネットにひそむ危険

　インターネットのもうひとつの危険は、あなたのプライバシー（個人的なこと）が、他人の間に広まってしまうことです。みなさんの中には、自己紹介ページをつくれるサービスを使っていたり、オンラインゲームの掲示板に参加したりしている人がいるかもしれませんね。そんな場所に名前や学校名、連絡先などの個人情報や、あなたのひみつを書きこむのは、とても危険なことです。インターネットは世界中とつながっています。いったん情報が出回れば、次つぎとコピーされて、取り消すことはほとんど不可能です。

　インターネットを通して友だちを探すことも、とても危険です。気軽に人とつながれますが、インターネットの向こう側にいる人が、本当はどんな人かわからないからです。中には同じ年ごろになりすましたおとなや、女性になりすました男性が、悪い目的で近づいてくることがあります。もし、いやなことや、おかしいと思うことがあったら、すぐにインターネットから離れて、おとなに相談してください。これは、あなたの安全を守るために、とても大切なことです。インターネットは便利な道具だからこそ、慎重に、じょうずに使いましょう。

▶児童・生徒によるインターネット上の「不適切な書きこみ」に関する新聞記事。プリクラの写真をアップしたり、メールアドレスや本名を書きこむ「個人情報の流布」が最多となっています。（朝日新聞2012年9月1日付）

もっと知りたい！
依存症ってどんな状態なの？

　心身に快感をもたらす、ある種の刺激を求める欲求がおさえられなくなり、その刺激がなければ、精神的にも肉体的にも不快で不安定な症状を生じてしまう状態を依存症といいます。
　依存症には、物質への依存（タバコのニコチン依存症、アルコール依存症、過食症などの摂食障害、麻薬などの薬物依存症）、過程への依存（インターネット依存症、メール依存症、パチンコなどのギャンブル依存症）、人間関係への依存（共依存、恋愛依存症）があります。刺激を得る行為のくり返しが多くなればなるほど依存症になる危険が高まります。

いやな気分になったことを書き出してみよう。

人の心を傷つけるような使い方をしてはいけないよ

インターネットは、正しくかしこくじょうずに使おう

●インターネットの中でふくらむ感情

　ふだん、みんなの前では言えないことや、相手に面と向かっては言えないことでも、インターネット上なら匿名（本当の名前をかくすこと）でいくらでも書ける。そんなことって、ありませんか。

　人間はだれでも心の深いところに、いらいらや、不満や、だれかに対するねたみや、怒りなどの気持ちを持ってしまうことがあるものです。思ったことをなんでも匿名で書けるインターネットの世界は、残念ながら、そんな気持ちをぶつける場所になってしまうことがあります。悪い感情というのは、どんどんふくらんで、頭の中がそのことばかりになってしまいがちです。場合によっては、だれかの悪口を書くのが止まらなくなってしまうこともあるかもしれません。悪口を書かれる人は、とてもつらくて苦しいです。そして悪口を書くのがやめられなくなってしまった人もまた、とてもつらいのだと思います。

　携帯電話やパソコンの画面の中で起こっていることのせいで、「いやだ」「つらい」「困った」と感じたら、それはあなたの心が助けを求めている信号です。そんなときは携帯電話やパソコンから離れて、必ずおとなに相談してください。

「キモイ」「ウザイ」。つい、そんなことを言ってしまうときはないかな。人を悲しい気持ちにさせる言葉、うれしい

民主主義を支えるメディアの役目

みんなで解決の道を探していくことが大切だよ

対立をさけるコミュニケーション能力を身につけよう

●平和のためのコミュニケーション

　友だち同士の小さなもめごとから、果ては戦争まで、悲しいことですが人間の社会には争いや対立が絶えません。けれど人間には、それをさける知恵があります。コミュニケーションという知恵です。

　コミュニケーションとは、話し合いを通して、意見や気持ちを交換し合い、たがいに理解し合うことです。人間同士であれ、国同士であれ、争いや対立の多くは、話し合いで解決できるものです。いったん対立が大きくなってしまえば、本人同士で解決するのは難しいかもしれません。けれど、そばにいる人が間に入って、両方の言い分をよく聞いて、解決の道を一緒に見つけることができます。

　平和は豊かなコミュニケーションから生まれます。人類のコミュニケーションは、人と人が直接に出会って、表情やしぐさや声の調子などのさまざまな表現を通して気持ちを伝え合うことから始まりました。文明の発達で、手紙に電話、そしてメールと、コミュニケーションの手段は、とても幅広くなりました。私たちのコミュニケーションを手助けしてくれるこれらの道具はとても大事なもの。だから、じょうずに使いこなしていきましょう。平和のためのコミュニケーションのレッスンは、身近な友だちとのやりとりから、もう始まっています。

気持ちにさせる言葉について考えよう。

ひとりで・みんなで 考えてみよう

写真は見ただけじゃわからない！

写真は真実を写し出すものです。だから写真というのですよね。
けれどそんな写真も、見方によっては受け取る印象がちがってきます。
ニュースに写真がそえられているときは、どんなふうに情報を読み取って、
記事への理解を深めればいいのでしょう。情報の読み取り方、
つまりメディアリテラシーのコツを練習してみましょう。

ステップ1　写真を見て感じたことを話し合おう

これは1958年6月に東京の首相官邸前で撮影された写真です。大勢の学生たちにヘルメットの警察隊が向っています。この写真を見て、どんなことを感じましたか？

（写真提供：毎日新聞社）

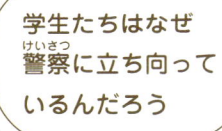

- 棒を持ってなぐりかかろうとしているのかな
- 学生たちはなぜ警察に立ち向っているんだろう
- 何かをうったえようとしているんじゃないかな

考えるコツ　ぱっと見て受けた印象と事実はちがうかもしれないよ。
いろいろな方向から考えてみよう！

ステップ2　写真に写っている事がらについて調べよう

　日本とアメリカが1951年に調印した「日米安全保障条約」（②60ページ参照）は、1960年に内容を見直して新しく結び直す約束でした。写真は、それに反対する学生たちのようすです。条約が最初に結ばれたのは朝鮮戦争（②20ページ参照）のときで、その背景には、不安定な東アジアの情勢を軍事力でおさえたいというアメリカの考えがありました。学生たちは「条約の結び直しではなく、憲法9条の精神の実現を目指したい」と考えて反対の声をあげたのです。平和的な反対運動を国民の多くが応援していましたが、政府はおさえようとしました。その結果、警察隊と学生がぶつかり、学生に死者が出る事態にまでなりました。

> **考えるコツ**　みんなのおじいちゃん、おばあちゃんが大学生だったころの話かもしれません。周りのおとなにたずねたり、本やインターネットでくわしく調べてみよう。

ステップ3　もう一度、写真を見て、考えて話し合おう

　調べてみると、この写真の背景には、いろいろな問題があるとわかりました。もう一度写真を見て、よく考えて、みんなと話し合ってみましょう。

- 学生はこわい人たちじゃなかったんだ
- 最初見たときはよくわからなかったね
- 写真を一見しただけでは事実はわからないね
- よく調べてみないといけないね

> **考えるコツ**　何かについて調べるときは、ひとつの記事だけ、1枚の写真だけにたよらないで、いろいろな材料を調べてみよう！

ひとりで・みんなで 考えてみよう

戦争がなければ平和なの？

日本は、かつて長い戦争の時代を過ごしました。みなさんにとっては、遠い昔のことです。みなさんは、戦争を二度としないことを誓った平和な日本に生まれました。この平和は、どうしたら守り続けていけるのでしょうか。

日本がたどってきた歴史をふり返りながら、もう一度、平和とはどんなものなのかを考えてみましょう。そして、過去から受け取った平和のリレーのバトンを、未来の子どもたちへ手わたしていきましょう。

- 平和って、なんだろう。戦争がないこと？戦争がなければ平和なの？
- 平和は、放っておけば、ずっと続くものなの？
- 戦争をしない国の日本は平和なの？
- 平和は、プレゼントみたいに、だれかがくれるものなの？

守らなくては、なくなってしまうよ

戦争がなくても、つらい思いをしている人がたくさんいるよ

「平和」はもらうものではなくて、自分たちでつくるものなんだね

どうすれば、これからも平和を守り続けられるのだろう？
あなたにできること、すぐにでもできることは、なんだろう？
みんなで話し合ってみよう。

「平和」と
「幸せっていう気持ち」は、
似ているね

歴史を勉強するのは
大切なことなんだね

平和は、
これまで、
どんな知恵と努力で
守られてきたの？

私にとって
平和って何？
どんなときに私は
「ああ平和だなあ」って
感じる？

平和を守り
平和をつくるために
私に何ができる？

私の毎日の暮らしは、
平和かな？
学校や家の中に、
友だち同士の間に、
争いやいじめは
ないかな？

いつも気にかけて
大切にして
いかなくてはね

みんなも一緒に
考えようよ

理解を深める！平和資料館

平和について学べる本やホームページはいろいろあります。関心のあるテーマをチェックしてみましょう。

●戦時生活・学童疎開

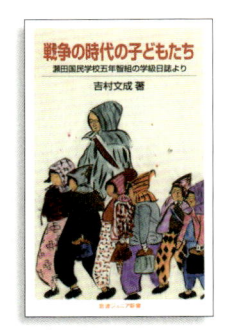

『戦争の時代の子どもたち
～瀬田国民学校五年智組の学級日誌より～』
著：吉村文成
（岩波書店）

瀬田国民学校（滋賀県）5年智組の少女たちが、絵と文でかき残した学級日誌を紹介。当時の社会のようすや学校生活がよくわかる本。

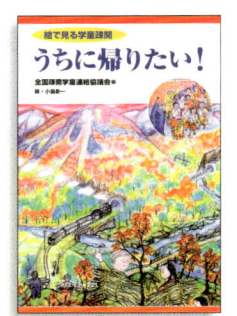

『うちに帰りたい！
絵で見る学童疎開』
編：全国疎開学童連絡協議会
絵：小島義一
（クリエイティブ21）

疎開した子どもたちが、言えなかった言葉、「早く、うちに帰りたい！」。学童疎開の全貌を明らかにした本。

●大空襲

『15歳が聞いた東京大空襲
～女子学院中学生が受け継ぐ
戦争体験～』
編著：早乙女勝元
（高文研）

女子学院（東京都）の中学3年生たちが、東京大空襲について祖父母や知人から聞き取り書きとめた記録集。

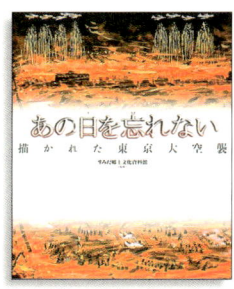

『あの日を忘れない
～描かれた東京大空襲～』
監修：すみだ郷土文化資料館
（柏書房）

子どもの時に東京大空襲を体験した96人が、当時のようすを思い出してえがいた121点の絵を収録。

●戦場

『総員玉砕せよ！』
作：水木しげる
（講談社）

ゲゲゲの鬼太郎の漫画家、水木しげるが、戦場での実体験をもとにえがいたまんが。太平洋の島じまで悲惨な状況の中を生きぬく兵士たちのようすが生なましくかかれている。

©水木プロダクション

●原爆

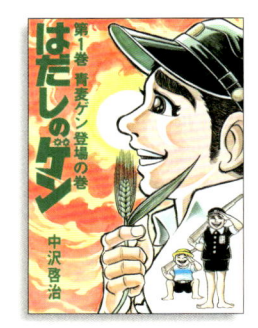

『はだしのゲン』〈全10巻〉
作：中沢啓治
（汐文社）

厳しい戦中戦後の時代を必死に生きる主人公ゲンの姿から、戦争の恐ろしさを知ることができるまんが。

『15歳のナガサキ原爆』
著：渡辺浩
（岩波書店）

15歳の少年が体験した軍事訓練や勤労動員に明け暮れた日々、そして原爆。21世紀を生きていく人びとへ送る被爆者からのメッセージ。

●メディアリテラシー

『世界を信じるためのメソッド
～ぼくらの時代のメディア・リテラシー～』
著：森達也
（イースト・プレス）

メディアの使い方をあやまらないために、あふれる情報をどう疑い、どう信じていけばよいか、わかりやすく解説する本。

●日本国憲法

『二つの憲法
～大日本帝国憲法と日本国憲法～』
著：井上ひさし
（岩波書店）

ふたつの憲法の誕生や、そもそも憲法って何？　など、憲法をやさしく解説した本。

『あたらしい憲法のはなし』
編集：童話屋編集部
（童話屋）

1947年に作られた中学1年用の社会科教科書を復刻した本。日本国憲法の精神や内容をわかりやすく説明している。

『やさしいことばで日本国憲法』
監修：ダグラス・ラミス
訳：池田香代子
（マガジンハウス）

日本国憲法の政府による英語訳から日本語に訳し直して、わかりやすくした本。

●環境問題

『地球温暖化の最前線』
著：小西雅子
（岩波書店）

世界各地で起きている地球温暖化の被害の現状や、地球温暖化を食い止めるための世界の取り組みなどを解説した本。

『モッタイナイで地球は緑になる』
著：ワンガリ・マータイ
訳：福岡伸一
（木楽舎）

環境への取り組みで初のノーベル平和賞を受賞し、「モッタイナイ」を世界に広めたマータイさんの自伝。

『あなたが世界を変える日
～12歳の少女が環境サミットで語った伝説のスピーチ～』
著：セヴァン・カリス＝スズキ
編・訳：ナマケモノ倶楽部
（学陽書房）

1992年の環境サミットでの12歳の少女のスピーチを全文収録した本。

●そのほかの参考になるホームページ

『絵日記による学童疎開600日の記録』
http://www.h5.dion.ne.jp/~s600days/
▶学童疎開の経験者が、記憶をもとに絵でつづりまとめたページ。

『サイバー・キッズ　プロフやチャットの落とし穴』
http://www.keishicho.metro.tokyo.jp/haiteku/hikids/hikids11.htm
▶自己紹介サイトなどでトラブルに巻きこまれないための情報を紹介。
警視庁サイバー犯罪対策課
電話相談　03-3431-8109　（受付時間：平日8:30～17:15）

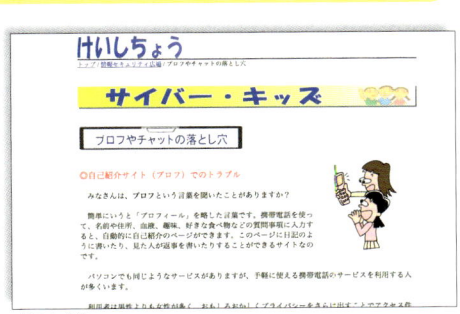

▲警視庁ホームページより『サイバー・キッズ
プロフやチャットの落とし穴』

情報社会と平和

From: 千春先生
To: みなさんへ
Subject: 「情報社会と平和」について

> **千春先生からのメッセージ**

民主主義の主人公は、国民、市民一人ひとりです。民主主義とは、だれもが自由に意見を述べて、みんなに関係することを一緒に決めていくしくみです。王様や独裁者や将軍という特別な少数の人びとではなく、数多くのふつうの人びとが決める権利を持ち、国を動かしていきます。自分ひとりでは動かせないけれど、いやなときは「ノー」と言えます。そして、多くの人びとが協力して動かす必要があります。グループ活動ですね。

この30～40年の間に、多くの国ぐにが民主主義の国に変わり、世界のほとんどの国ぐにが民主主義になりました。ですから、今や政治の問題は、人びとが民主主義というしくみをうまく使いこなすことができるか、です。自転車や携帯電話と同じように、人がきちんと動かせるか。国民の暮らしを守る良い政治をかしこく生み出せるか。国民に愛されて、他国の政府にも尊敬される政府を支えられるか。

だから、政治の主人公のふつうの人びとが、世の中の動きを知り、知識を学び、かしこく判断しなければ、ね。自分たちの権利を守り、自分たちの求めるものを言い表し、政治家や公務員を働かせなければなりません。

子どものうちは関係ないかな。確かに、成人になるまで選挙の投票権は与えられていない。けれども、いろいろな問題について子どもの意見を出していくことはできます。だって、子どもの権利は子どもが守らなきゃ、ね。学校の中で、家族の中で、地域のコミュニティの中で、子どもたちはおとなと同じように民主主義の主人公だよ。

多くの人びとが自分の国ではない外国で暮らすことが増えている今日では、国民でなくても、市民として政治に参加するさまざまな権利が与えられるようになってきています。国と国の壁がどんどん低くなってきた統合ヨーロッパ（EU）では、新しい実験が試みられています。国籍や言葉がちがっても、同じ地球の民主主義の主人公だ！　さあ、一緒に語り合い、一緒に行動しよう。

さくいん

「平和を考えよう」シリーズに出てくる、おもな用語をまとめました。
①②は巻数を、数字はページを表しています。
見開きの左右両方に出る用語は、左のページ数のみ記載しています。

あ

アイデンティティ	②71
アイヌ	①53
アフガニスタン戦争	①60、②19、22、24、61
アメリカ同時多発テロ	②19、22、24
アラブの春	②27
育児放棄	②81
いじめ	②68、74、80
イスラム過激派	②24
依存症	①82
イタイイタイ病	①68
イラク戦争	①60、②19、23、24、61
岩手・宮城内陸地震	②44
インターネット	①76、78、81、82、84、②27、52
宇宙船地球号	①70
NGO	②29、32、34
NPO	②33
縁故疎開	①30
エンパワーメント	②77
ODA	②32、46
沖縄戦	①36、41
沖ノ鳥島	②55
オンラインゲーム	①83

か

開発途上国	①21、59、②7、8、14、16、32、41、46、51、83
カカオ農園	②8、34
格差	②7、38、40
学童疎開	①30
学徒勤労動員	①26
学徒出陣	①28
核兵器	①55、56、58、61、②18、20、26、50
核兵器不拡散条約	①57、59、②26
核抑止	①58
ガス田	②58
環境問題	①69、71、72
飢餓	②12、14、16、30、39
基地問題	②60、64
基本的人権	①42、48、52、②7、19
虐待	②7、78、80、86
共産主義	②20
京都議定書	①73
玉音放送	①7
玉砕	①18、26
金属類回収令	①23
空襲	①30、34、41
軍歌	①32
軍需工場	①26
携帯電話	①82、84
検閲	①77、81
原爆	①38、40、43、55、56
原発事故	①69、②42、48、50、52
憲法9条	①54、60、87、②24
原理主義	②22
公害	①68
合計特殊出生率	②41
高度経済成長期	①63、64、68
皇民化政策	①15、17
国際援助	②32
国際協力	②29、32、46
国際原子力機関	①59
国際連合（国連）	①11、55、57、58、60、②7、13、15、18、22、24、57、58
国際連盟	①11
国民主権	①48、50
国民所得倍増計画	①64

国連憲章	②18、55
国家総動員法	①22
子どもの権利条約	②7、86
子どもの人権110番	②91
コミュニケーション	①82、85、②69

さ

財閥	①21
里親制度	②78
差別	②7、9、21、30、80、86
産業革命	①8
三権分立	①49
サンフランシスコ平和条約	①42、②57、61
GHQ	①21、41、42、49、55、②60
自衛隊	①54、60、②23、24、29
識字率	②6
自然エネルギー	②51
自然災害	②16、30、33、44、46
実効支配	②56
児童虐待	②80
児童虐待防止法	②80
児童相談所	②81
児童労働	②8、35
ジャスミン革命	②27
集団自決	①36
集団的自衛権	①60
焼夷弾	①34
少子高齢化	②40
昭和天皇	①6、41
植民地	①6、8、10、13、14、16、19、②20、25、55、57
地雷	②28
シリア内戦	②19、27
人権侵害	②81
人権擁護	②81
真珠湾	①16
スマトラ島沖地震	②17、46
スラム	②11、12
政治難民	②30
政府開発援助	②32

世界食糧計画	②13
尖閣諸島	②58、65
先進国	①70、②7、15、31、32、41
ソーシャルメディア	①79、②27
疎開	①30
ソ連	①8、13、39、41、43、56、58、②20、50、56、60

た

第一次世界大戦	①10
第五福竜丸	①57
大戦景気	①10、20
大東亜共栄圏	①13、16
第二次世界大戦	①16、39、②18、20、50、55、63
大日本帝国	①48、50、77、②73
太平洋戦争	①6、13、16、18、26、38、②20、61、64
大量破壊兵器	②18、23、24
竹島	②57
脱原発	②49、51
チェルノブイリ原発	②50
地球温暖化	①70、72
中東戦争	②18、21
朝鮮戦争	①54、62、②18、20
徴兵	①28、48
津波	②16、42、45、46、48、52
デモ	①86、②27
テロ	①60、②21、22、24
伝染病	②16
東海地震	②47
東京大空襲	①35、45
東京電力	①55、②42、49
特別攻撃隊	①28
特別高等警察	①25

な

南京事件	①12、44
難民	②13、27、30
難民キャンプ	②30

新潟県中越沖地震	②44
新潟県中越地震	②44
新潟水俣病	①68
日独伊三国同盟	①13、17
日米安全保障条約	①58、87、②60
日露戦争	①9、20
日清戦争	①9、20
日ソ中立条約	①13
日中戦争	①12、22
日本国憲法	①48、50、52、54、77
ネグレクト	②81
ノーベル平和賞	①55、59、71、73

は

配給制	①22
排他的経済水域	②54、59
ハザードマップ	②47
パネルディスカッション	②72
バブル景気	①65
パレスチナ・イスラエル問題	②21
阪神・淡路大震災	②43、44、47
非営利組織	②33
非核三原則	①55、57、58
東日本大震災	①69、78 ②13、33、42、44、46、48、52
ビキニ環礁	①57
非国民	①25
非政府組織	②33
ヒトラー	①16、②21
避難民キャンプ	②16
被爆者	①38、55
ひめゆり学徒隊	①29、37
貧困	②32、38
フェアトレード	②8、15、35
溥儀	①11
福島第一原子力発電所	①69、②42、48、50、52
富国強兵	①8、21
武装勢力	②9、10、23、26
普天間基地	②62

フリースクール	②76
米軍基地	①54、②60、63
平和維持活動	①60、②24
平和主義	①42、48、54
平和の礎	①36
ベトナム戦争	②18、31、61
防空壕	①34
放射性廃棄物	②50
放射性物質	①56、69、②48
放射能	①38、57、②48、50
放送倫理・番組向上機構	①81
ポツダム宣言	①40、42、48
北方四島周辺水域操業枠組協定	②56
北方領土	②56

ま

麻薬	①83、②11
満州国	①11、14、17
満州事変	①10、12、40
ミッドウェー海戦	①18
水俣病	①68
三宅島大噴火	②44
民間団体	①62、②33、76
民主化	①21、②24、27
民主主義	①6、42、50、53、76、②85
メディアリテラシー	①80、86
もったいない	①73

や・ら

ユニセフ	①62、②14
四日市ぜんそく	①68
領土問題	①61、②54
冷戦	①56、②20、60
ロスジェネ（ロストジェネレーション）	②39

● 監修

竹中千春（たけなか　ちはる）

東京生まれ。東京大学法学部卒業。専門はインドの現代政治や国際政治。立教大学法学部教授。著書に『世界はなぜ仲良くできないの？』（阪急コミュニケーションズ）、『盗賊のインド史』（有志舎）、『千春先生の平和授業2011〜2012』（朝日学生新聞社）ほか。

● 文

下郷さとみ（しもごう　さとみ）

ライター兼農業。石川県生まれ。金沢大学経済学部卒業。20年前からブラジルのスラムに通って住民運動を取材。著書に『地球の未来へ　125の提案』（毎日新聞社）など。

● 「考えてみよう」指導

加藤宣行（筑波大学附属小学校教諭）

● スタッフ

カバーイラスト	山元かえ
本文イラスト	山元かえ・和久田容代
装丁・本文デザイン	鷹觜麻衣子
校正	くすのき舎
編集制作	株式会社 童夢

● 写真資料提供・協力（50音順・敬称略）

株式会社朝日新聞社／岩手県葛巻町／大牟田市／沖縄県／株式会社共同通信社／国立国会図書館／昭和館／すみだ郷土文化資料館／長崎原爆資料館／奈良県立図書情報館／南丹市立富本小学校／南丹市立文化博物館／ニューギニア航空／株式会社PANA通信社／広島平和記念資料館／株式会社フォトライブラリー／防衛省／株式会社毎日新聞社

JASRAC 出 1302108-502

平和を考えよう①

戦争の怖さを感じとる力を

発行　2013年3月初版　2015年4月第2刷

監修	竹中千春
発行者	岡本光晴
発行所	株式会社あかね書房
	〒101-0065
	東京都千代田区西神田3-2-1
	電話　03-3263-0641（営業）
	03-3263-0644（編集）
	http://www.akaneshobo.co.jp
印刷所	吉原印刷株式会社
製本所	株式会社難波製本

ISBN978-4-251-08241-1
©DOML／2013／Printed in Japan
落丁本・乱丁本はおとりかえします。
定価はカバーに表示してあります。
すべての記事の無断転載およびインターネットでの無断使用を禁じます。
この本に掲載されているデータは、2013年2月現在のものです。

```
NDC360
監修　竹中千春（たけなか　ちはる）
平和を考えよう
①戦争の怖さを感じとる力を
あかね書房　2015　96P　30cm×22cm
```